Frank Kämmer,

Jahrgang 1968, zählt zu den renommiertesten Weinfachleuten Deutschlands. Er arbeitete viele Jahre als Sommelier in Spitzenrestaurants und wurde 1994 in die Association des Maitres-Conseils en Gastronomie Française aufgenommen. 1996 bestand er die Prüfung zum Master Sommelier, der höchsten internationalen Auszeichnung seines Berufsstandes. 2002 wurde er als erster Deutscher in den 1960 gegründeten Circle of Wine Writers aufgenommen. Frank Kämmer hat zahlreiche Bücher zum Thema Wein und Spirituosen veröffentlicht und ist regelmäßig als Autor für verschiedene Fachpublikationen, darunter »Wein-Gourmet«, der »Gault-Millau Weinguide« sowie das englische Magazin »World of Fine Wine« tätig.

Frank Kämmer

100 Bioweine

für jeden Anlass
und wo man sie kaufen kann

Eichborn

1 2 3 4 09 08

Umschlaggestaltung: Christiane Hahn unter Verwendung eines Fotos von Turhan Ergel
Lektorat: Matthias Bischoff
Layout, Satz und Karten: Klaus Schneider, Frankfurt
Druck und Bindung: Druckerei Pustet, Regensburg

ISBN 978-3-8218-5686-5

Eichborn Verlag, Kaiserstraße 66, D-60329 Frankfurt am Main
Mehr Informationen zu Büchern und Hörbüchern aus dem Eichborn Verlag finden Sie unter www.eichborn.de

INHALT

Einleitung

Alles Bio oder was?

Spätestens mit der Jahrtausendwende begann sich im internationalen Weinbau eine für die nächsten Jahrzehnte sehr wahrscheinlich weit reichende Entwicklung zu manifestieren. Der Bioweinbau trat immer stärker aus seiner Nische heraus, und zu den Pionieren der frühen Jahre gesellten sich immer mehr Nachfolger. Besonders bemerkenswert daran ist, dass die Gründe für die verstärkte Hinwendung zum Bioweinbau einerseits in einem immer deutlicher werdenden Bewusstsein für Ressourcenschutz und dem Willen zur Erzeugung bekömmlicher, von Schadstoffrückständen freier Lebensmittel liegen, andererseits aber auch die ökologische Bewirtschaftung der Rebflächen von immer mehr Winzern als ein »Werkzeug« zu einer »anderen«, authentischeren Art von Weinqualität verstanden wird.

Auch wenn der Bioweinbau in ganz Europa bisher kaum mehr als vier Prozent der Weinproduktion ausmacht, so verzeichnet man nach Expertenschätzung in diesem Segment des Weinmarkts hierzulande jedoch zweistellige Zuwachsraten. In Deutschland wurden im Jahr 2007 ca. 2950 Hektar Rebfläche von 439 Betrieben ökologisch bewirtschaftet. Nach wie vor größter Bioweinerzeuger ist jedoch Italien, in etwa gleichauf gefolgt von Frankreich und Spanien. Aber auch in der neuen Welt, allen voran in Kalifornien und Chile, werden immer mehr Flächen der Umstellung auf ökologische Bewirtschaftung unterzogen, und einige Erzeuger dieser Länder werden schon bald zu den größten Biowein-Produzenten der Welt gehören.
Was ein Biowein eigentlich ist, wird innerhalb der Europäischen Union seit Mitte der neunziger Jahre durch die EU-Verordnung Nr. 2092/91 *»über den ökologischen Landbau und die entsprechende Kenn-*

zeichnung der landwirtschaftlichen Erzeugnisse und Lebensmittel« geregelt. Dieses Regelwerk legt nicht nur Mindeststandards wie das Verbot synthetischer Pflanzenschutz- und Düngemittel fest, sondern schreibt bei der Verwendung von Bezeichnungen wie »biologisch«, »ökologisch« oder »organisch« auch zwingend vor, dass der Erzeugerbetrieb sich hierfür von einem unabhängigen, staatlich zugelassenen Institut zertifizieren und überwachen lassen muss. Seither ist sichergestellt, dass tatsächlich auch »Bio« drin ist, wenn »Bio« auf dem Etikett steht.

Ein Manko dieser Verordnung war jedoch, dass sich ihre Vorschriften nur auf die Behandlung der Trauben im Weinberg beziehen. Für die eigentliche Weinbereitung im Keller existieren bisher hingegen keine besonderen Auflagen, so dass ebenso wie bei konventionell arbeitenden Betrieben Zusatz- und Hilfsstoffe verwendet werden dürfen. Korrekterweise müsste man daher bei Erzeugnissen, die lediglich der bisherigen EU-Verordnung genügen, nicht von »Bioweinen« sprechen, sondern von »Weinen aus biologisch angebauten Trauben«. Eine ausgeweitete, auch die biologische Kellerwirtschaft einschließende Ausführungsbestimmung ist zwar bereits in der Diskussion, ein Inkrafttreten dürfte aber nicht vor 2012 zu erwarten sein. Ein weiterer Kritikpunkt an dieser Verordnung ist, dass sie tatsächlich nur Mindeststandards setzt und teilweise durchaus fragwürdige Praktiken, wie zum Beispiel die Verwendung von bedenklichen tierischen Düngemitteln wie Blut- oder Knochenmehl, in Ausnahmefällen ausdrücklich erlaubt und selbst auf gentechnisch veränderten Organismen basierende Produkte zulässt, wenn diese anderweitig nicht ersetzt werden können. Auch die neue, ab 1. Januar 2009 in Kraft tretende und dann die bisherige Verordnung ersetzende Biorichtlinie Nr. 834/2007 bleibt hier leider ebenfalls hinter den Erwartungen zurück und schließt diese Lücke nicht.

Die großen Erzeugerverbände des ökologischen Landbaus haben sich und ihren Mitgliedsbetrieben jedoch seit vielen Jahren eigene, deutlich strengere Regeln gegeben. In Deutschland sind dies vor allem die beiden großen Verbände **Ecovin** und **Bioland** sowie – mit bisher deutlich weniger angeschlossenen Weinbaubetrieben – **Naturland** und **Demeter.** Die offizielle Überwachung und Zertifizierung findet jedoch auch bei den in diesen Verbänden organisierten Weinerzeugern durch die staatlich zugelassenen unabhängigen Institute statt. Mit wenigen Ausnahmen sind alle der in diesem Buch vorgestellten Winzer und Kellereien diesem Verfahren unterworfen.

Bio ist nicht gleich Bio

Die Begriffsvielfalt der unterschiedlichen Wege hin zum Biowein ist manchmal etwas verwirrend, kann jedoch grob in folgende Arbeitweisen eingeteilt werden:

Die integrierte Weinerzeugung …

… ist für viele Betriebe der erste Schritt weg von der konventionellen Bewirtschaftung. Hierbei kann man zwar noch keinesfalls von Bioweinen sprechen, jedoch hat sich hier bereits das Bewusstsein eingestellt, dass sich guter Wein nur *mit* dem Weinberg und nicht *gegen* ihn erzeugen lässt. Winzer, die der integrierten Bewirtschaftung – in Frankreich auch *»lutte raisonnée«* genannt – folgen, versuchen, möglichst naturnah zu arbeiten, was insbesondere bei synthetischen Pflanzenschutzmitteln den Grundsatz »so wenig wie möglich – so viele wie nötig« beinhaltet. Eine hierzulande weithin praktizierte Methode zur Bekämpfung des Traubenwicklers durch die sogenannte »Verwirr-Methode«, bei der das Schädlingsinsekt durch Pheromone an der Fortpflanzung gehindert wird, ist eine typische Maßnahme des integrierten Weinbaus, wie ihn heute viele der qualitativ führenden Erzeuger begreifen.

Die ökologische oder biologische Weinerzeugung …

… verzichtet hingegen völlig auf synthetische Pflanzenschutz- und Düngemittel. Stattdessen werden u. a. Nützlinge wie Schlupfwespen oder Raubmilben gefördert, und es kommen natürliche Präparate wie Gesteinsmehle oder Pflanzenauszüge zum Einsatz. Ein typisches Beispiel hierfür ist die Verwendung von Fenchelölemulsion zur Bekämpfung von Pilzkrankheiten wie dem Echten Mehltau. Auch wenn laut EU-Verordnung der Einsatz von Substanzen gentechnisch veränderter Organismen unter bestimmten Bedingungen noch möglich wäre, lehnt jedoch der überwiegende Teil der mit dieser Wirtschaftsweise arbeitenden Betriebe dies strikt ab.

Die organisch-biologische Weinerzeugung …

… entstand nach dem Zweiten Weltkrieg in der Schweiz als Reaktion auf die zunehmende Industrialisierung der Landwirtschaft. Die Grundlagen der organisch-biologischen Methode wurden dort gegen Ende der vierziger Jahre vom Agrarwissenschaftler-Paar Dr. Hans Müller und Dr. Maria Müller in Zusammenarbeit mit dem Bakteriologen Hans Peter Rusch entwickelt und bildeten in Deutschland wichtige Grundlagen bei der Gründung des Bioland-Verbands im Jahr 1971. Bei dieser Wirtschaftsweise stehen neben den allgemeinen ökologischen Prinzipien vor allem auch die Sicherung der Bodenfruchtbarkeit und die traditionelle bäuerliche Kreislaufwirtschaft im Vordergrund.

Die biologisch-dynamische Weinerzeugung …

… gründet sich auf die Vortragsreihe und Schriften des 1925 verstorbenen österreichischen Anthroposophen Rudolf Steiner. Diese Bewirtschaftungsmethode fußt auf einem geisteswissenschaftlichen Gerüst, das den landwirtschaftlichen Betrieb als komplexes, lebendiges System von Boden, Menschen, Pflanzen und Tierwelt begreift und dabei die kosmischen und stellaren Kräfte und Wechselwirkungen mit einbezieht. Biodynamisch arbeitende Winzer versuchen, durch den Einsatz von mit Präparaten wie Hornkiesel und Hornmist »dynaminisierten« Wasserlösungen sowie mit Kräuteraufgüssen wie beispielsweise Schachtelhalm- oder Brennnessel-Tee Reben und Weinberg auf natürliche Weise zu stärken und somit gegen Krankheiten und Schädlinge widerstandsfähiger zu machen. Ein Kernpunkt ist dabei der Erhalt und die Förderung eines natürlichen Gleichgewichts der Böden mit einer reichen Biodiversität. Bei den im Weinberg anstehenden Arbeiten wie Rebschnitt oder Lese werden darüber hinaus Mondphasen und Planetenkonstellationen berücksichtigt. Auch in der Kellerwirtschaft ist hier der Respekt vor dem Wein als etwas »Lebendigem« prägend. Deshalb vollzieht sich die Gärung in der biodynamischen Weinbereitung möglichst immer durch die natürlich vorhandenen Hefen, also unter Verzicht der sonst weithin üblichen Reinzuchtkulturen, und der Einsatz von Schwefel zur Konservierung und zum Oxidationsschutz wird auf ein Minimum reduziert. Im Spitzenweinbau findet diese Methode zurzeit großes Interesse, da sie als eine logische Konsequenz des Terroir-Bewusstseins verstanden werden und zu einem neuen Verständnis von Weinqualität führen kann. Selbst einige der weltweit teuersten und begehrtesten Weine – als Beleg dafür seien die Gewächse der legendären Domaine Romanée-Conti in Burgund genannt – werden mittlerweile biodynamisch erzeugt. Traditionell waren biodynamisch geführte Weingüter beim Demeter-Verband organisiert, mittlerweile gibt es jedoch auch sehr erfolgreiche neuere Gruppierungen wie die französische Organisation Biodyvin, die heute eine Reihe teilweise sehr renommierter Erzeuger umfasst.

Zu diesem Buch

Das Angebot ökologisch erzeugter Weine ist den vergangenen Jahren in Deutschland geradezu explodiert. Waren es früher oft nur Nischenprodukte, für die sich »echte« Weinkenner kaum interessierten, so sind diese Produkte heute selbstverständlicher Teil unserer Weinlandschaft geworden, und selbst elitäre Luxusweingüter scheuen sich nicht mehr, sich in diesem einstmals als »etwas seltsam« erachteten Markt selbstbewusst zu positionieren. Diese erfreuliche, rasante Entwicklung sorgt aber auch für eine gewisse Unübersichtlichkeit des Angebots. Da langjährige Erfahrungswerte mit diesen Weinen den meisten Konsumenten fehlen, gleicht der Einkauf von Bioweinen für so manchen zurzeit einem Vabanquespiel. Denn bei aller Freude über ein zunehmendes ökologisches Bewusstsein sowohl auf Seiten der Weintrinker als auch der Erzeuger darf nicht vergessen werden, dass »Bio« alleine noch keinen guten Wein macht und dass es auch in diesem Segment letztlich auf das Talent und den Einsatz des Menschen ankommt, der das Produkt erzeugt.

Dieses Buch soll allen Weinfreunden, die sich für ökologisch erzeugte Gewächse interessieren, eine kleine Hilfestellung auf ihrer Einkaufstour durch das immer größer werdende Angebot dieser Produkte bieten. Es erhebt dabei keinesfalls den Anspruch, umfassend und repräsentativ den Gesamtmarkt abzubilden, sondern stellt ganz im Gegenteil eine sehr persönliche Auswahl von 100 Weingütern und deren Gewächsen dar, die ich gerne empfehle und auch selbst gerne trinke. Gleichfalls geht es hier nicht darum, lediglich das jeweils »Beste vom Besten« vorzustellen. Vielmehr findet sich in diesem Buch eine breite Auswahl von schmackhaften Tropfen für zahlreiche Anlässe und unterschiedlichste Ansprüche: vom täglichen Schoppenwein aus dem Supermarktregal bis zur erlesenen Kreszenz für Feiertage.

Die im Buch genannten Preise entsprechen dem Stand von Sommer 2007 und sollen einen lediglich groben Anhaltspunkt geben, da es natürlicherweise eine gewisse Schwankungsbreite, insbesondere bei unterschiedlichen Anbietern, gibt. Zudem können Sonderangebote stets dafür sorgen, den einen oder anderen Wein vielleicht sogar in einer niedrigeren als der hier angegebenen Kategorie zu finden. Bezugsquellen des Versandhandels sind mit einem entsprechenden Symbol versehen 📦.
Um als Orientierung für den ganz normalen, täglichen Weineinkauf dienen zu können, wurden für dieses Buch nur solche Empfehlungen ausgewählt, die bundesweit im Handel verfügbar sind, das heißt entweder in den führenden Biosupermarktketten sowie großen Fachhandelsgruppen im Regal stehen oder aber bei einigen ausgewählten Versendern zu haben sind. Hierzu habe ich einen ebenso vergnüglichen wie neugierigen weinkulinarischen Streifzug durch die Sortimente nachfolgender Anbieter unternommen. Ein Teil der vorgestellten Weine ist jedoch auch bei anderen lokalen Biomärkten oder Fachhändlern verfügbar.

Wo ich gerne Wein einkaufe

Wein & Glas Compagnie GmbH
Tel.: 030/2351520
Online-Shop: www.weinundglas.com
Versandkosten: € 11,90 pauschal, ab € 280 frei Haus
Filialen: Berlin-Wilmersdorf

Georg Mauer, Geschäftsführer des wohl besten Berliner Weinhandelsunternehmens, ist ein leidenschaftlicher Weinhändler »vom alten Schlag«, und man glaubt gerne, dass er nur das in sein sehr sorgfältig ausgewähltes Sortiment mit zahlreichen Spitzenweinen aufnimmt, was ihm auch persönlich schmeckt und hinter dem er mit Überzeugung steht. Eine Ader für ökologische Weine ist dabei nicht zu übersehen.

Weinhandlung Bernd Kreis KG
Telefon: 0711/762839
Online-Shop: www.wein-kreis.de
Versandkosten: bis zu 6 Fl. € 7,50, 7 bis 12 Fl. € 10, ab 13 Fl. € 12, ab 500 € frei Haus.
Filialen: Stuttgart-Mitte, Stuttgart-Süd

Der ehemalige Spitzensommelier (»Bester Sommelier Europas 1992«) betreibt mit der Weinhistorikerin Dr. Christine Krämer einen überaus bemerkenswerten Weinhandel, der mit Schwerpunkt Frankreich vor allem auf charaktervolle Gewächse abseits des »Mainstreams« spezialisiert ist und dabei großen Wert auf Bioprodukte legt.

Mövenpick Weinkeller GmbH
Tel.: 0231/9651560
Online-Shop: www.moevenpick-wein.de
Versandkosten: € 6,90 pauschal, ab € 170 frei Haus
Filialen: Hamburg-Bahrenfeld, Hamburg-Sasel, Berlin-Wilmersdorf, Berlin-Mitte, Hannover, Braunschweig, Bielefeld,

Münster, Dortmund, Düsseldorf, Köln, Frankfurt/M., Stuttgart, München-Nord, München-Süd

Ein sehr sorgfältig ausgewähltes Sortiment und vor allem große Beratungskompetenz in den Filialen zeichnen diese Gruppe aus. Weine, die an einem Standort nicht verfügbar sind, können innerhalb kurzer Zeit von der Zentrale oder anderen Filialen angefordert werden. Einer der Schwerpunkte ist die fast schon traditionell hochwertige Auswahl österreichischer und deutscher Weine.

K&U • Die Weinhalle • Der Weinversand

Gebrüder Kössler und Ulbricht GmbH & Co. KG
Tel.: 0911/525153
Online-Shop: www.weinhalle.de
Versandkosten: € 7,50 pauschal, ab € 190 frei Haus
Filialen: Nürnberg

Martin Kössler hat über viele Jahre hinweg das programmatisch sicher konsequenteste und interessanteste Weinsortiment Deutschlands zusammengestellt. Der Nürnberger sucht dabei vor allem nach Gewächsen, die abseits des globalisierten Einheitsgeschmacks mit Charakter, Natürlichkeit und Authentizität überzeugen. Er stellt dabei die Philosophie des »langsamen Weins« der Industrialisierung der Erzeugung, aber auch des Konsums entgegen. Trotz dieses fast intellektuellen Anspruchs kommt aber auch die Genussfreude nicht zu kurz.

Delinat GmbH

Tel.: 07621/167750
Online-Shop: www.delinat.com
Versandkosten: bis 6 kg € 3,20, über 6 kg € 5,20, ab € 180 frei Haus (zzgl. Versicherung 1,5% des Warenwerts)
Filialen: keine

Delinat wurde als Biowein-Spezialist bereits 1980 gegründet und gilt als Pionier in diesem Segment. Sitz des Unternehmens ist die Schweiz, es gibt jedoch auch eine Service- und Auslieferungsniederlassung in Deutschland. Delinat

wird von Jürgen von der Mark, Deutschlands erstem »Master of Wine«, beraten.

Pinard de Picard GmbH & Co. KG
Tel.: 06838/979500
Online-Shop: www.pinard-de-picard.de
Versandkosten: € 5 pauschal, ab € 200 frei Haus
Filialen: Saarwellingen

Drei enthusiastische Weinfreaks gründeten 1995 dieses Unternehmen, das mittlerweile über ein höchst interessantes Sortiment mit zahlreichen (auch ökologischen) Spitzenwinzern verfügt und von der ehemaligen Sommelière Christina Hilker beraten wird. Besonders interessante Schwerpunkte liegen dabei auf dem Süden Frankreichs, Burgund und Deutschland. Obwohl Pinard de Picard zu den Pionieren des Online-Verkaufs zählt, sollte man sich unbedingt auch den schön ausgestatteten, lesenswerten Katalog bestellen.

Kaufhof Warenhaus AG
Online-Shop: www.galeria-kaufhof.de
Versandkosten: € 3,95 pauschal
Filialen: 27 Häuser mit Kaufhof-Weinabteilungen

Karstadt Warenhaus GmbH
Online-Shop: www.karstadt.de
Versandkosten: € 3,95 pauschal
Filialen: 63 Häuser mit Karstadt-Weinabteilungen (54 davon in Karstadt- bzw. Wertheim- Häusern und 9 bei Hertie). Die Karstadt Warenhaus betreibt zusätzlich Weinabteilungen im KaDeWe (Berlin) und im Alsterhaus (Hamburg).

Die beiden großen Warenhausketten haben an vielen Standorten mittlerweile wahre »Gourmetwelten« mit sehr hochwertigem Feinkostangebot etabliert. Dabei kommen auch die Weinabteilungen immer näher an das Niveau des Fachhandels heran. Kleinere Häuser hingegen verfügen jedoch oft über keine eigene Feinkost- bzw. Weinabteilung. Sowohl Kaufhof als auch Karstadt bie-

ten einen Teil ihres Weinsortiments aber auch zur Online-Bestellung an.

basic AG Bio-Supermärkte
Info: www.basicbio.de
Filialen: Hamburg, Berlin (2x), Münster, Dortmund, Essen, Hagen, Düsseldorf, Köln (3x), Aachen, Bonn, Frankfurt (3x), Mannheim, Nürnberg, Karlsruhe, Stuttgart, Augsburg, München (5x)

Alnatura GmbH Super Natur Märkte
Info: www.alnatura.de
Filialen: Hamburg (2x), Bremen, Berlin (2x), Witten, Göttingen, Kassel, Köln (2x), Mülheim-Kärlich, Koblenz, Königstein, Kriftel, Frankfurt (3x), Wiesbaden, Mainz, Darmstadt (2x), Viernheim, Mannheim, Ludwigshafen, Kaiserslautern, Heidelberg, Karlsruhe (3x), Ludwigsburg, Stuttgart (2x), Esslingen, Tübingen, Ulm, Stadtbergen, Freiburg (2x), Weil a. Rh., Konstanz

Alnatura und basic haben als laufend weiter expandierende bundesweite Bio-Supermarktketten maßgeblich dazu beigetragen, ökologisch erzeugte Lebensmittel aus der Nische der Reformhäuser und Weltläden herauszuführen, und als selbstverständlichen Teil des städtischen Einkaufsangebots etabliert. Bemerkenswert dabei ist, dass gerade die Weinabteilungen oft mit viel Ehrgeiz und großem Angebot geführt werden und sich dabei deutlich über das allgemeine Niveau der konventionellen Supermärkte erheben.

Jacques' Wein-Depot GmbH
Online-Shop: www.jacques.de bzw. www.jacques-online-shop.de
Versandkosten: € 8 pauschal
Filialen: über 260 Standorte in ganz Deutschland

Jacques' hat den Weineinkauf in Deutschland gewissermaßen »demokratisiert«. Auf breiter Fläche finden sich inhabergeführte Weingeschäfte quasi

»um die Ecke«, mit Verkostungsmöglichkeit eines Sortiments überwiegend bürgerlicher Gewächse, deren Schwerpunkt in Frankreich liegt.

FUB – Fegerts und Berts Weinhandel
Tel.: 0221/9259300
Online-Shop: www.fub-weine.de
Versandkosten: € 9,20 pauschal, ab € 150 frei Haus
Filialen: Düsseldorf, Köln, Siegburg

Der führende Weinhändler im Rheinland bietet ein riesiges, sehr sorgfältig ausgewähltes Sortiment, in dem sich neben berühmten Namen stets auch einige interessante Entdeckungen finden lassen.

Bremer Weinkolleg A. & H. Segnitz GmbH & Co.
Tel.: 04203/813020
Online-Shop: www.bremer-weinkolleg.de
Versandkosten: € 7 pauschal, ab € 150 od. 24 Fl. frei Haus
Filialen: keine

Beim hochrenommierten Importeurhaus Segnitz kaufen vor allem Spitzenrestaurants ein. Das Bremer Weinkolleg bietet aber auch Endverbrauchern die Möglichkeit, aus einem Teil dieses Sortiments auszuwählen.

Mosel

1 Weinhof Herrenberg

Nahe

2 Prinz zu Salm-Dalberg'sches Weingut

Rheingau

3 Peter Jakob Kühn

Rheinhessen

4 Weingut Sander

5 Heyl zu Herrnsheim

6 Weingut Battenfeld-Spanier

7 Klaus Knobloch

8 Weingut Wittmann

Pfalz

9 Dr. Bürklin-Wolf

10 Weingut Christmann

Deutschland

Weinhof Herrenberg, Mosel

Wein: Schodener Herrenberg »Gruw« Riesling trocken
Weinart: trockener Weißwein
Biokontrolle: GfRS

Man muss schon eine gehörige Portion Enthusiasmus mitbringen, um das zu wagen, was Claudia und Manfred Loch vor rund eineinhalb Jahrzehnten begonnen haben. In einer Region wie dem Saartal, in der immer mehr kleine Familienweingüter aufgeben, hat sich das sympathische Winzerpaar mit einem winzigen, gerade mal 1.200 m^2 großen Weinberg – in den Augen vieler Kollegen damals ziemlich blauäugig – selbstständig gemacht. Sie hatten dabei eine Vision von großen, »handgemachten« und authentischen Saar-Rieslingen vor Augen, also jenen Weinen, die vor hundert Jahren noch zu den begehrtesten Gewächsen der Welt zählten. Von Anfang an auf Vitalisierung der kargen Böden in den Schiefersteilhängen durch ökologische Bewirtschaftung setzend, legt man hier größten Wert auf eine ebenso sorg- wie mühsame Pflege der Rebgärten. Große Weine sollen dabei »durch Aufwand im Weinberg, nicht durch Nachbessern im Keller« entstehen. Heute ist der Loch'sche Weinhof Herrenberg zwar auf eine genutzte Rebfläche von 2,3 Hektar angewachsen, aber selbst das ist im Vergleich zu international üblichen Betriebsgrößen immer noch winzig: Es gibt nicht wenige Weingüter, deren Parkplätze größer sind! Da mittlerweile auch die bekannten Weinkritiker des Landes den kleinen Betrieb entdeckt haben und voll des Lobes über die kristallklaren Rieslinge sind, ist es fast ein Wunder, dass diese Weine immer noch weitgehend verfügbar sind. Es ist jedoch abzusehen, dass diese außergewöhnliche Erfolgsstory zweier Wein-Enthusiasten aus einem kleinen Dorf an der Saar bald noch bekannter wird, und es dann immer schwerer sein dürfte, ein paar Fläschchen zu ergattern.

Verkostung: Betörender, geradezu frühlingshafter Duft nach Aprikosenkompott, weißem Nougat, vollreifen Quitten und der charakteristischen Mineralität des Schiefers. Trotz der typisch stahligen Säure keinesfalls spitz auf der Zunge, sondern überraschend harmonisch und rund. Ein köstliches Aroma nach weißem Pfirsich entwickelt sich am Gaumen und geht in einen animierenden, langen Nachhall über. Durchaus mit gewissem Volumen im Körper, jedoch von tänzerischer Finesse. Trocken ausgebaut, aber kein bisschen spröde.

Urteil: Wer (wie ich bisher) bei trockenem Saar-Riesling eher skeptisch ist, der sollte diese Flasche probieren. Die Engländer haben für solche Weine einen schönen Begriff: »mouthwatering«!

Preisregion: 13 bis 14 Euro

Rebsorten: Riesling

Trinktemperatur: 8°

Schmeckt …: als erfrischender Aperitif an heißen Tagen ebenso wie zu sommerlichen Salaten – aber auch eine frische Forelle fühlt sich dazu wohl

Gesehen bei: Pinard de Picard

PRINZ ZU SALM-DALBERG'SCHES WEINGUT, NAHE

WEIN: Schloss Wallhausen Riesling Kabinett

WEINART: restsüßer Weißwein

BIOKONTROLLE: Kontrollverein ökol. Landbau

Dafür, dass sich die Zugehörigkeit zum Hochadel und das Bekenntnis zur ökologischen Landwirtschaft keinesfalls ausschließen, sind die Landgüter von Prinz Charles ein leuchtendes Beispiel. Im deutschen Weinbau findet sich dazu im noblen Gut des Prinzen zu Salm-Salm eine sehr interessante Entsprechung. Mit einer rund 800-jährigen Geschichte gilt der auf Schloss Wallhausen unweit von Bad Kreuznach ansässige Betrieb als das älteste Weingut in ununterbrochenem Familienbesitz in Deutschland. Gerade auch diese lange Tradition und deren Fortführung war für Michael Prinz Salm-Salm ein Grund dafür, die Bewirtschaftung seiner Rebflächen ab 1989 beginnend auf ökologische Grundsätze umzustellen, um damit diese jahrhundertealten natürlichen Ressourcen auch für kommende Generationen nachhaltig zu sichern. Dadurch ist es aber auch gelungen, die Lagentypizität der weltweit gefragten Rieslinge dieses Weinguts noch deutlicher im Aroma zum Ausdruck zu bringen. Besonders interessant ist dabei, dass das Weingut über Rebgärten sowohl mit Böden des Rotliegenden als auch mit dem sehr mineralischen, seltenen grünen Schiefer verfügt. Aus dem Geschlecht der Wigeriche entsprungen, zählt das Haus Salm zu den ältesten Adelsgeschlechtern in Europa und gehörte als Fürstenhaus des Heiligen Römischen Reichs zum ehemaligen Hochadel. Als wichtiges Mitglied des noblen VDP-Verbands ist jedoch auch die Zugehörigkeit zum »Hochadel des Weins« unbestritten. Seit 2006 führt nun Constantin Prinz zu Salm-Salm in der 32. Generation das Weingut.

Verkostung: Fruchtiger, feiner und dezent vom Schiefer geprägter Duft nach reifen Birnen, Weinbergspfirsichen und Weißen Johannisbeeren. Leichtgewichtig-betörend am Gaumen, eine elegante, unaufdringliche Süße hüllt die reife Säure gut ein. Frischer, animierender Nachhall.

Urteil: Schlägt sehr schön eine Brücke zwischen der tänzerischen Leichtigkeit eines Moselrieslings und der reifen Frucht der rheinischen Gewächse.

Preisregion: 8 bis 12 Euro

Rebsorten: Riesling

Trinktemperatur: 7°

Schmeckt ...: zu Parmaschinken mit Melone

Gesehen bei: Basic, Karstadt

Weitere Weine auch bei: FUB, Wein & Glas

PETER JAKOB KÜHN, RHEINGAU

WEIN: Riesling »Quarzit« trocken
WEINART: trockener Weißwein
BIOKONTROLLE: Lacon

Kaum ein anderer Winzer in Deutschland polarisiert durch seine kompromisslose Hinwendung zur Biodynamie die Weinliebhaber und Weinkritiker in jener Weise, wie es Peter Kühn tut. Vor einigen Jahren begann der Spitzenwinzer aus Oestrich im Rheingau damit, sich von der modernen, kontrollierten »High-Tech«-Weinbereitung zu verabschieden, und setzte ganz auf eine möglichst eingriffsfreie, langsame und weitgehend dem Takt der Naturzyklen überlassene Vinifizierung. Er folgte damit einer zwar einleuchtenden, aber keinesfalls selbstverständlichen Logik: nämlich die biodynamische Philosophie nicht nur im Anbau, sondern auch bei Weinbereitung und Ausbau fortzuführen. Das Ergebnis sind Gewächse von unbändiger Eigenständigkeit, die im krassen Gegensatz zu den heutzutage oft üblichen Weinen mit dominierender Primärfruchtigkeit stehen. Kühns Rieslinge passen nur schwer in den sensorischen Kosmos vieler Weintrinker, und deshalb kann ich keinesfalls dafür garantieren, dass sie jedem schmecken werden – ganz im Gegenteil: Wahrscheinlich ist die Zahl derer, die sich der fast schon intellektuellen Herausforderung des Genusses dieser Weine stellen möchten, eher begrenzt. Was ich aber auf jeden Fall versprechen kann, ist, dass die Begegnung mit diesen markanten Weinpersönlichkeiten, unabhängig davon ob sie einem nun schmecken oder nicht, ein denkwürdiges Erlebnis sein wird. Dies gilt vor allem dann, wenn man dem Faktor Zeit auch beim Weingenuss selbst seinen Platz einräumt und die Entwicklung einer Flasche über Stunden, ja sogar Tage hinweg verfolgt.

Verkostung: Ein fast schon verstörendes Bukett, das zunächst oxidativ *und* gleichzeitig reduktiv zu sein scheint (!), mit Aromen von getrockneten Aprikosen und überreifer Ogenmelone. Dabei von einer fast medizinal geprägten, deutlichen Mineralität getragen. Reiche, vollreife Frucht am Gaumen mit sublimer Feuersteinnote und kristalliner Säure durchwoben. Die markante, vibrierende Mineralität scheint fast fühlbar. Kandierte Zitrusfrüchte im sehr langen Nachhall.

Urteil: Ein wahrhaft kontemplatives Weinerlebnis, eine Herausforderung selbst für erfahrene Kenner.

Preisregion: 12 bis 14 Euro

Rebsorten: Riesling

Trinktemperatur: 9–10°

Schmeckt …: am besten, wenn vor dem Genuss dekantiert und nicht zu kalt getrunken

Gesehen bei: Mövenpick, Wein & Glas, K&U Weinhalle, Kreis

Weingut Sander, Rheinhessen

Stefan Sander zählt als Mitglied der Gruppe »message in a bottle« zu den »jungen Wilden« in Deutschland, aber in Sachen Biowein ist er quasi von Geburt an eher den »alten Hasen« zuzuordnen, wurde ihm doch die Kenntnis der ökologischen Weinerzeugung mit der Erfahrung zweier Generationen schon in die Wiege gelegt. Sein Großvater Ottoheinrich Sander begann bereits in den frühen fünfziger Jahren damit, das Weingut seiner Familie auf ökologische Bewirtschaftung umzustellen. Eine Erkrankung seiner Frau und die fortschreitende Erosion der Lößböden in seiner rheinhessischen Heimat trugen zu diesem Entschluss ebenso bei wie das durch schlechte Bodenbearbeitung zunehmende Auftreten von Chlorose, einer durch Chlorophyllmangel ausgelösten Krankheit in den Reben. Seither gilt er als erster Biowinzer Deutschlands, und auch sein Sohn Gerhard folgte ebenso konsequent diesem Weg wie mit Stefan Sander und dessen Frau Sandra nun die dritte Generation. In den sanften Hanglagen rund um Mettenheim, die schon seit der Römerzeit zum Weinanbau genutzt wurden, verfügt das sowohl bei Demeter als auch bei Naturland als Mitglied geführte Weingut heute über rund 25 Hektar Rebflächen und genießt allen voran einen guten Ruf für duftige Rieslinge, feinstoffige Weißburgunder und den saftigen Silvaner *Alte Reben*. Ein ganz besonderer Tipp ist aber auch stets Sanders rassiger Sauvignon Blanc.

Wein: Sauvignon Blanc trocken
Weinart: trockener Weißwein
Biokontrolle: Kontrollverein ökologischer Landbau

Verkostung: Frischer Sortenduft nach frisch geschnittenem Gras, grüner Paprika und Granny-Smith-Apfel. Rassige Ansprache mit lebhaftem Spiel und animierendem Säurerückgrat. Mittelgewichtiger Fruchtkörper mit zusätzlichen Anklängen an Limetten. Knackige Frische und belebende, pflanzlich geprägte Rasse auch im Nachhall.

Urteil: Eine heimische (und oft auch günstigere) Alternative zum Sancerre!

Preisregion: 8 bis 9 Euro

Rebsorten: Sauvignon Blanc

Trinktemperatur: 7 – 8°

Schmeckt …: zum Tomatensalat Caprese, also mit Basilikum und Mozzarella

Gesehen bei: Kreis

HEYL ZU HERRNSHEIM, RHEINHESSEN

WEIN: Riesling Rotschiefer trocken
WEINART: trockener Weißwein
BIOKONTROLLE: GfRS

Es wird wohl keinem anderen Weinbauort so Unrecht getan wie Nierstein am Rhein. Denn obwohl nur ein winziger Teil davon tatsächlich auf der Gemarkung dieses Städtchens wächst, werden große Mengen billiger Massenweine aus dem rheinhessischen Hinterland unter der Großlagenbezeichnung Niersteiner Gutes Domtal verkauft und somit der Ruf des Orts völlig zu Unrecht belastet. Die »echten« Niersteiner Spitzenweine wachsen hingegen am berühmten Roten Hang an der Rheinfront. Der Tonschieferboden dieser Weinberge, das sogenannten Rotliegende, schafft in Verbindung mit der nach Osten zum Rhein hin abfallenden Exposition das Terroir für einige der markantesten Rieslinge Deutschlands. Daran, dass die Gewächse aus Lagen wie Hipping, Pettental oder Brudersberg heute wieder Weltruf haben, hat Peter von Weymarn, der langjährige Leiter des Traditionsbetriebs Heyl zu Herrnsheim, maßgeblichen Anteil. 1969 übernahm der studierte Physiker die Leitung des Familienguts seiner Frau und begann alsbald mit ersten Schritten zur Umstellung auf ökologische Bewirtschaftung. Gerade in den technologieverliebten siebziger und achtziger Jahren, in denen noch viele Weinfreunde den Bioanbau als »seltsame Idee weltfremder Idealisten« ansahen, hielt Peter von Weymarn tapfer und standhaft dagegen und lieferte mit seinen tollen Gewächsen den Beweis für etwas, das wir heute als selbstverständlich ansehen, das damals aber noch eine seltene Auffassung war: dass sich nämlich eine auf Tradition fußende, ja geradezu elitäre Spitzenqualität und Ökologie keinesfalls ausschließen, sondern dass das eine nur durch das andere dauerhaft gesichert werden kann.

Verkostung: Saftiger Duft nach kandierter Ananas, vollreifen Südfrüchten und charaktervoller, erdiger Mineralität. Balanciertes Gewicht mit feiner Dichte am Gaumen, die elegante Säure ist sehr gut integriert und vom Fruchtkörper ummantelt. Im Nachhall mit einem Anflug von sehr dezenter Fruchtsüße und köstlichem Aroma nach roten Aprikosen.

Urteil: Paradebeispiel für einen harmonischen, »kompletten« Riesling der Rheinfront.

Preisregion: 11 bis 13 Euro

Rebsorten: Riesling

Trinktemperatur: 8°

Schmeckt …: perfekt zum rheinischen Sauerbraten

Gesehen bei: Karstadt

Weitere Weine auch bei: FUB

BATTENFELD-SPANIER, RHEINHESSEN

Das neue »Traumpaar« des deutschen Weins kommt aus Rheinhessen. Auf der einen Seite ist da der 1971 geborene Hans Oliver Spanier aus Hohen-Sülzen im südlichen Wonnegau. Er stieg bereits in seinem 18. Lebensjahr ins Weingeschäft ein, und mit 20 Jahren gründete er dann sein eigenes Weingut. Diesen Betrieb, das Weingut Battenfeld-Spanier, hat er seitdem an die Spitzengruppe der Region geführt. Seit über einem Jahrzehnt werden dabei die Weine von ihm ökologisch erzeugt und tragen das Ecovin-Siegel. Als Gründungsmitglied der rheinhessischen Jungwinzervereinigung »message in a bottle« hatte er darüber hinaus maßgeblichen Anteil am Erfolg eines neuen, frischen und zeitgemäßen Weinstils in diesem Anbaugebiet. Auf der anderen Seite die ebenso charmante wie kompetente Winzertochter Carolin Gillot, eine studierte Ingenieurin für Weinbau und Önologie, deren elterliches Weingut Kühling-Gillot in Bodenheim seit vielen Jahren für Spitzengewächse aus den berühmten Lagen der Rheinfront bei Oppenheim, Nierstein und Nackenheim bekannt ist. 2006 heiratete das Jungwinzerpaar und führt seither die jeweiligen Weingüter gemeinsam. Der Vergleich beider Betriebe wird dadurch noch interessanter. Während sich das Weingut Kühling-Gillot mit saftigen und stoffigen Weinen aus den Tonschieferlagen an der Rheinterrasse profiliert, setzt Battenfeld-Spanier die Akzente mit mineralisch-rassigen Gewächsen aus den vom Kalkstein geprägten Lagen des Wonnegaus.

WEIN: Grüner Sylvaner trocken
WEINART: trockener Weißwein
BIOKONTROLLE: GfRS

VERKOSTUNG: Wunderbar frischer und feiner Duft, nicht zu »laut«, aber dennoch mit gutem Ausdruck und animierenden Aromen nach grünen Äpfeln, Wiesenblumen, frisch geschnittenem Gras und einem Anflug von Frühlingszwiebeln. Das Säurespiel ist sanft und gut eingebunden, dennoch wirkt der Wein ungemein frisch und lebhaft. Kristallklares Aroma am Gaumen und im unbeschwerten Nachhall.

URTEIL: Eine moderne, zeitgemäße Interpretation des Rheinhessen-Silvaners; weniger »erdig« als viele fränkische Gewächse dieser Sorte, dennoch mit feinem Charakter. Ein geradezu »frühlingshafter« Wein.

PREISREGION: 8 bis 10 Euro

REBSORTEN: Silvaner

TRINKTEMPERATUR: 8°

SCHMECKT ...: klassisch zum Spargelsalat, aber warum nicht auch zu frischen Austern?

GESEHEN BEI: Basic

WEITERE WEINE AUCH BEI: Pinard de Picard

Klaus Knobloch, Rheinhessen

Wein: Spätburgunder Gutswein trocken
Weinart: trockener Rotwein
Biokontrolle: GfRS

Das heute von den Brüdern Ralf und Arno Knobloch – Ersterer ist diplomierter Weinbauingenieur und kümmert sich um den Keller, Letzterer bearbeitet als Winzermeister die Weinberge – geführte Weingut im rheinhessischen Ober-Flörsheim ist auf breiter Ebene sozusagen für die deutsche Grundausstattung im Ökoweinsegment zuständig. Ihre korrekten und schmackhaften Gutsweine, meist findet man den Riesling sowie Spät- und Grauburgunder im Regal, sind in zahlreichen Bio-Supermärkten gelistet und bieten stets einen seriösen Trinkgenuss für jeden Tag sowie einen korrekten Gegenwert für die auf gutbürgerlichem Niveau angesiedelten Preise. Seniorchef Klaus Knobloch wurde mit seinem Betrieb bereits 1988 Mitglied im Bundesverband ökologischer Weinbau. Heute verfügt das unweit von Alzey gelegene Gut mit rund 31 Hektar Rebgärten, darunter auch Flächen in der bekannten Spitzenlage Westhofener Morstein, über eine durchaus stattliche Größe, wobei zu bemerken ist, dass das Wachstum der letzten Jahre keinesfalls auf Kosten der Qualität gegangen ist. Ganz im Gegenteil: Mit ihren Weinen aus der gehobenen *Edelstein*-Serie konnten die Knoblochs schon so manche Auszeichnung gewinnen und auch ins Blickfeld anspruchsvoller Weinkenner rücken. Neben den Stillweinen wird hier in Zusammenarbeit mit der Sektkellerei am Turm in Speyer auch ein jugendlich-fröhlicher Perlwein namens *Frizzeco* erzeugt, der als unbekümmerte sommerliche Erfrischung ebenfalls viele Freunde gefunden hat.

Verkostung: Zarter Duft nach Erdbeeren und roten Herzkirschen. Seidig-runde Ansprache auf der Zunge. Nicht zu schwer im Körper und mit kaum spürbarem Tannin sowie milder Säure, daher von sanfter Textur und sehr zugänglicher Art.

Urteil: Ein klassischer deutscher Basis-Spätburgunder, unbeschwert und heiter.

Preisregion: 7 bis 8 Euro

Rebsorten: Spätburgunder

Trinktemperatur: 15 – 16°

Schmeckt …: zu täglicher Hausmannskost – besonders gut zu Jägerschnitzel – oder als bekömmlicher Zechwein in geselliger Runde

Gesehen bei: Alnatura, Basic

WEINGUT WITTMANN, RHEINHESSEN

WEIN: Westhofener Riesling »S« trocken

WEINART: trockener Weißwein

BIOKONTROLLE: Kontrollverein ökologischer Landbau

Kaum jemand verkörpert die neue Generation junger deutscher Ökowinzer in solch herausragender Weise wie Philipp Wittmann. Das sehenswerte Hofgut seiner Familie im Herzen des rheinhessischen Wonnegaus kann auf eine mindestens bis 1663 reichende Weinbautradition zurückblicken und gilt heute als einer der absoluten Spitzenbetriebe Deutschlands. Schon früh beschäftigte sich Seniorchef Günter Wittmann mit dem ökologischen Anbau als einem Mittel zu besseren, authentischeren Weinen, und Sohn Philipp folgte diesem Weg konsequent. So wurde von ihm der hier seit 1990 eingeführte Bioanbau im Jahr 2004 zur biodynamischen Wirtschaftsweise weiterentwickelt. Das seit jeher angesehene Weingut hat sich durch die Arbeit von Philipp Wittmann in den vergangenen Jahren zu einem der absoluten Stars der Region entwickelt und hat dadurch maßgeblich dazu beigetragen, dass das lange Zeit im Schatten der berühmteren Rheinfront stehende Wonnegau im lieblichen Hinterland Rheinhessen wieder auf den Einkaufslisten internationaler Connaisseurs auftaucht. Besonders bemerkenswert dabei ist, wie hier die langjährige Erfahrung des Vaters, der sich nun hauptsächlich um die Weinbergsarbeit kümmert, perfekt mit der Weitsicht und Dynamik des Sohns beim Ausbau im Keller harmoniert. Die herausragenden »Großen Gewächse« der Wittmanns aus den Lagen Morstein, Aulerde und Kirchspiel können zu den besten trockenen Weißweinen Deutschlands zählen und sorgen ob ihres komplexen Reichtums bei so manchen Genießern für eine wahre Gänsehaut beim Verkosten – doch auch schon der *Riesling »S«* aus dem mittleren Preissegment gibt davon eine Ahnung.

VERKOSTUNG: Ausdrucksvoller, einladender Duft nach rotwangigen Aprikosen, Ananas, kandierten Zitrusfrüchten und vollreifer Mango. Dicht verwobene, saftige Frucht mit feinem Limettenaroma und subtiler Frische im Geschmack. Die feine Säure ist harmonisch integriert. Große Länge im fruchtig-frischen Nachhall, mit feiner Mineralität unterlegt.

URTEIL: Ein selbstbewusster, moderner deutscher Riesling. Gleichzeitig heimatverbunden als auch kosmopolitisch angelegt.

PREISREGION: 15 bis 19 Euro

REBSORTEN: Riesling

TRINKTEMPERATUR: 8°

SCHMECKT ...: zu Fleischgerichten mit exotischem Touch wie Putengeschnetzeltem mit Curryrahm

GESEHEN BEI: K&U Weinhalle, Mövenpick, Bremer Weinkontor, FUB, Delinat, Kreis

Dr. Bürklin-Wolf, Pfalz

Ein Donnerschlag hallte durch die Weinszene, als das Pfälzer Spitzenweingut Dr. Bürklin-Wolf bekannt gab, mit dem Jahrgang 2005 beginnend die gesamte Rebfläche auf die biodynamische Wirtschaftsweise umzustellen. Schließlich handelt es sich bei diesem Betrieb um das größte deutsche Weingut in Privatbesitz mit herausragendem internationalen Ruf für trockene Rieslinge. Doch dieser Schritt war lange vorbereitet und aus dem bisherigen Weg des Weinguts heraus nur konsequent. Zu Beginn der neunziger Jahre begann man hier damit, die üblichen Prädikate als Qualitätsmaßstäbe durch die Wertigkeit des Terroirs, also jener berühmten Weinberge der Mittelhardt, in denen Dr. Bürklin-Wolf so reich begütert ist, zu ersetzen. Der burgundischen Klassifikation folgend wurden die Weinberge in »Premier Crus« bzw. »Grand Crus« eingeteilt (da dies mit dem deutschen Weinrecht nicht vereinbar ist, stehen auf den Flaschen lediglich die Abkürzungen P.C. und G.C.). In diesen Weinbergen werden heute ungemein beeindruckende Rieslinge erzeugt, die wie sonst nur wenig andere Gewächse der Pfalz die Individualität der jeweiligen Lage deutlich schmeckbar in sich tragen. Nachdem man in diesem Sinne den Weinberg, seinen Boden und seine biologische Vielfalt als Grundlage wirklich großer Weine erkannt hat, war es also eigentlich nur ein logischer Schritt, diesen Weg durch die biodynamische Wirtschaftsweise weiterzugehen. Während die so erzeugten Lagen-Rieslinge zur Weltspitze zählen und sich dementsprechend, auch was den Preis angeht, an erfahrene Kenner richten, soll der *Villa Bürklin* als toll gemachter Basiswein eine breite Schicht von Genießern ansprechen.

Wein: Villa Bürklin trocken
Weinart: trockener Weißwein
Biokontrolle: Lacon

Verkostung: Charmanter Duft, dezent floral unterlegt und an frische Äpfel, Aprikosen und Mandeln erinnernd. Saubere und frische Ansprache, nicht zu schwer und doch mit präsentem Aroma. Sehr gut balanciert: lebhaft und trocken, aber mit gepufferter Säure. Zugänglich, ausgewogen und animierend.

Urteil: Ein klug komponierter Wein, der Pfälzer Frucht mit südländischem Charme vereint. Fürs »easy drinking«, aber durchaus mit Niveau und Stil!

Preisregion: 7 bis 8 Euro

Rebsorten: Riesling, Silvaner, Weißburgunder, Chardonnay

Trinktemperatur: 8°

Schmeckt ...: zu zahlreichen sommerlichen Gerichten als ein sehr vielseitiger Begleiter, mit dem man wenig falsch machen kann

Gesehen bei: Kaufhof, FUB

Weitere Weine auch bei: Karstadt, Bremer Weinkolleg, K&U Weinhalle

WEINGUT CHRISTMANN, PFALZ

WEIN: Riesling Gutswein trocken
WEINART: trockener Weißwein
BIOKONTROLLE: Lacon

Es ist eine bemerkenswerte, ja geradezu richtungsweisende Tatsache, dass der Präsident des noblen Verbands Deutscher Prädikatsweingüter (VDP), also jener elitären Vereinigung der besten Weinerzeuger des Landes, seinen eigenen Betrieb mit großem Erfolg nach ökologischen Grundsätzen führt. Steffen Christmann, eigentlich ein gelernter Jurist, stellte im Jahr 2004 nach ersten erfolgversprechenden ökologischen Versuchen das Pfälzer Spitzenweingut seiner Familie komplett auf die biodynamische Wirtschaftsweise um. Ähnlich wie auch beim unweit gelegenen und befreundeten Gut Dr. Bürklin-Wolf hat man in dem seit vielen Jahren überaus renommierten Betrieb vor den Toren von Neustadt an der Weinstraße diese Philosophie als Weg zu noch authentischeren Weinen mit der unverkennbaren Typizität des Bodens und des bevorzugten Klimas der Mittelhardt für sich gewählt. Steffen Christmanns Rieslinge können zu den beeindruckendsten trockenen Weinen ihrer Art überhaupt zählen. Sie vereinen eine berauschende, saftige Fruchtigkeit mit subtil verwobener Mineralität und bemerkenswertem Rückgrat. Die Einzellagen-Weine, allen voran der berühmte *Königsbacher Idig,* sind erlesene, gefragte Kreszenzen für Gourmets, aber auch schon der einfache *Gutsriesling* als Basiswein ist stets eine besondere Empfehlung wert. Neben den Rieslingen sind für mich jedoch auch die Weine der Burgundersorten, also aus Weiß-, Grau- und Spätburgunder, überaus überzeugend.

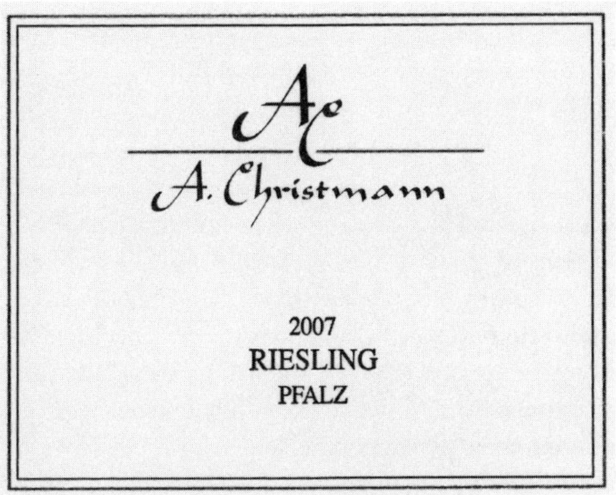

VERKOSTUNG: Herrlich reicher und frischer Riesling-Duft nach weißem Pfirsich, Ananas und vollreifen gelben Äpfeln. Saftig-fruchtige Ansprache am Gaumen, jedoch mit frischem, gut eingebundenem Säurespiel sehr gut belebt. Guter Nachhall mit Aromen von gelben Früchten.

URTEIL: Ein toller Riesling mit ausgesprochen ausdrucksvoller Sortenfrucht, dennoch angenehm trocken und keinesfalls zu schwer.

PREISREGION: 10 bis 12 Euro

REBSORTEN: Riesling

TRINKTEMPERATUR: 8°

SCHMECKT ...: zu asiatisch angehauchten Gerichten ebenso gut wie zum klassischen Saumagen mit Sauerkraut!

GESEHEN BEI: Basic, Bremer Weinkolleg, Wein & Glas, FUB

WEITERE WEINE AUCH BEI: Kreis

Kamptal

1 Weingut Loimer

2 Weingut Hirsch

Wagram

3 Bernhard Ott

Weinviertel

4 Schlossweingut Graf Hardegg

Südsteiermark

5 Sepp Muster

Mittelburgenland

6 Weingut Weninger

Neusiedler See

7 Weingut Meinklang

8 Claus Preisinger

Österreich

Weingut Loimer, Kamptal

Wein: Grüner Veltliner »1. Lage« Käferberg
Weinart: trockener Weißwein
Biokontrolle: Lacon Österreich (Umstellung bis 2009)

Es ist ein hierzulande leider nach wie vor weit verbreitetes Missverständnis, dass der Grüne Veltliner stets nur einen leichten, unbekümmerten Zechwein erbringt. Unter Kennern sind jedoch die wirklich großen Gewächse dieser Sorte mittlerweile fast schon zu Kultweinen geworden, die weltweit Aufsehen erregen. Bei niedrigen Erträgen und sehr guten Lagen, verbunden mit entsprechend sorgsamem Ausbau, kann diese Rebe ungemein saftige und dicht verwobene Weine mit dennoch bemerkenswert frischem Kern hervorbringen, die selbst schon im direkten Vergleich mit großen Weißweinen Burgunds eine sehr gute Figur gemacht haben. Solche Spitzenveltliner, die übrigens auch sehr gut reifen können, sind dann freilich nicht mehr so günstig zu haben wie ein einfacher »Heuriger«, aber es lohnt sich dennoch, ein solches Gewächs einmal zu probieren. Fred Loimers *Käferberg* ist ein solches Juwel, das ich immer gern empfehle. Der Langenloiser Winzer ist einer der österreichischen Shootingstars der vergangenen eineinhalb Jahrzehnte, und ich beobachte seine Entwicklung seit langer Zeit mit großem Interesse. Mit der Übernahme des elterlichen Guts beginnend hat er sich mittlerweile ein eigenes, viel bestauntes Weingut erschaffen, dessen moderne Architektur eine markante Zäsur zum darunter befindlichen Barockkeller aus dem 18. Jahrhundert darstellt. Fred Loimer gilt heute als eine der führenden Persönlichkeiten einer Gruppe aufstrebender Winzer der Donaurepublik, die mit der Umstellung auf die biodynamische Wirtschaftsweise begonnen haben und hier bereits einige überaus bemerkenswerte Erfolge erzielten.

VERKOSTUNG: Markanter und doch auch feiner Duft nach Melonenschale, gelben Birnen und komplexen Kräuterkomponenten. Sehr stoffig am Gaumen und mit geradezu seidiger Textur. Alles scheint wunderbar dicht und harmonisch verwoben, aus dem Kern blitzt eine kristallklare Frische auf. Dezent pfeffrige Anklänge und merkliche Mineralität beleben den runden, fast cremigen und langen Nachhall.

URTEIL: Eine große und eigenständige, aber keinesfalls vordergründige Weißweinpersönlichkeit mit immensem Potenzial für weitere Entwicklung. Wenn jung getrunken, dürfte dekantieren sinnvoll sein.

PREISREGION: 22 bis 24 Euro
REBSORTEN: Grüner Veltliner
TRINKTEMPERATUR: 10°
SCHMECKT …: zu gebackenem Karpfen oder Hechtklößchen in Rahmsauce
GESEHEN BEI: K&U Weinhalle

Weingut Hirsch, Kamptal

Wer das Weingut Hirsch in Kammern besucht, der kann mit etwas Glück und einem kleinen Umweg auch einige für Niederösterreich ausgesprochen ungewöhnliche Tiere bewundern. In einem winzigen Nachbardorf der Kamptalgemeinde hält nämlich Robert Paget, einer der besten Käsemacher des Landes, eine Herde Wasserbüffel für die Herstellung seiner unter Kennern hochbegehrten Produkte. Der Dung dieser Tiere wiederum kommt ebenso wie der seiner Milchziegen dem befreundeten Weingut von Johannes und Josef Hirsch als wertvoller Kompost für die Rebgärten zugute und bildet damit ein wichtiges Element beim eingeleiteten Umstellungsprozess auf Biodynamie. Die beiden Winzer – Senior Josef Hirsch kümmert sich um die Weinbergsarbeit, Sohn Johannes ist für den Keller verantwortlich – waren schon immer Vor- und Querdenker. So beschloss man hier ausgerechnet in einer Zeit, als anderswo der Rotweinboom zur regen Pflanzung blauer Sorten führte, sich in Zukunft ausschließlich auf die Kernkompetenz, nämlich Riesling und Veltliner, zu konzentrieren. Und bereits 2002 begann man mit der Einführung des Schraubverschlusses dafür zu sorgen, dass die Weinqualität auch so beim Kunden im Glas ankommt, wie sie im Keller herangereift ist. Einmal von der Richtigkeit dieses Schritts überzeugt, folgte man dabei einer konsequenten Logik und startete – anders als bei vielen anderen, hier eher zögerlich handelnden Weingütern üblich – mit der Drehverschluss-Abfüllung bei den besonders wertvollen und lagerfähigen Einzellagenweinen. Ab 2003 wurde dann die gesamte Ernte vom frischen Leichtwein *Trinkvergnügen* bis zu den Spitzengewächsen so ausgestattet.

Wein: Riesling Zöbing
Weinart: trockener Weißwein
Biokontrolle: Lacon Österreich (in Umstellung)

Verkostung: Einladender, saftiger Duft nach frischen Aprikosen und feinen Rosennoten. Mittelgewichtiger Körper und gemäßigter Alkohol, aber dennoch reiches und sehr präsentes Aroma am Gaumen. Die fein ziselierte Säure ist herrlich eingebunden und leitet in einen pikanten Nachhall über. Lebhaftes Spiel, jedoch ohne störende Ecken oder Aggressivität.

Urteil: Ein verführerischer Riesling mit feinem Schliff und harmonischer Säure. Trotz der saftigen Frucht keinsfalls schwer.

Preisregion: 11 bis 12 Euro
Rebsorten: Riesling
Trinktemperatur: 8°
Schmeckt ...: zu gebackenem Kalbsbries
Gesehen bei: Pinard de Picard

Bernhard Ott, Wagram

»Mister Grüner Veltliner« wird er in Österreich genannt, und diesen Ehrentitel hat sich Bernhard Ott mit seiner leidenschaftlichen Hingabe an diese Sorte in den vergangenen eineinhalb Jahrzehnten redlich verdient. Allein die bloßen Betriebsdaten des in Feuersbrunn am Wagram gelegenen Weinguts sprechen für sich: Rund 90 Prozent seiner 16 Hektar umfassenden Rebflächen sind mit dem Veltliner bestockt und erbringen die Trauben für einige ganz unterschiedliche Weintypen, die für den breiten Kosmos dieser Sorte sprechen. *Ottello* nennt sich dabei die kristallklare, höchst animierende Einstiegsvariante, die im Veltliner *Am Berg* eine etwas kernigere Steigerung findet. Perfekte Balance und fein austariertes Spiel von reifer Frucht und frischer Mineralität prägen das *Fass Nr. 4*, das folglich besonders oft auch in der Gastronomie anzutreffen ist. Mit selbstbewusster Fülle und barockem Reichtum fasziniert die Abfüllung *Der Ott*, während die rare *Rosenberg Reserve* ein Weinmonument von immensem Potenzial und überwältigender Statur darstellt. In dieser Reihenfolge verkostet ist für mich die Probe dieser Gewächse mit jedem Jahrgang aufs Neue ein besonderes Erlebnis. Denn während es Winzer gibt, die für ihren leichten Veltliner ein gutes Händchen haben und anderen eher die voluminösen Gewächse gelingen, so scheint Bernhard Ott in jeder »Gewichtsklasse« durchgängig gut aufgestellt zu sein. »Jeder Veltliner gehört in seiner Kategorie zu den hervorstechenden Repräsentanten«, urteilte das österreichische Fachmagazin *Vinaria* über diese Weine.

Wein: Grüner Veltliner »Der Ott«
Weinart: trockener Weißwein
Biokontrolle: Lacon Österreich (Umstellung bis 2009)

Verkostung: Köstlich reicher und vollreifer Veltliner-Duft nach Charantais-Melone, Mirabellen, gelben Birnen. Saftige und dichte, aber dennoch ausgewogene Struktur am Gaumen. Der barocke Fruchtkörper gibt Aromen nach Südfrüchten frei, die von einer feinen Mineralität und einer fokussierten, gut verwobenen Säureader getragen werden. Im reichen Nachhall Noten von frischem Traubenkompott und Bratäpfeln.

Urteil: Ein mächtiger Veltliner von seidiger Textur, dennoch ausgewogen und durchaus mit Eleganz.

Preisregion: 14 bis 16 Euro

Rebsorten: Grüner Veltliner

Trinktemperatur: 9°

Schmeckt …: perfekt zu reichen, sahnigen Gemüsegerichten: adelt ein Kartoffel-Kohlrabi-Gratin zu einem vollwertigen Hauptgang!

Gesehen bei: Pinard de Picard

Weitere Weine auch bei: Wein & Glas

SCHLOSSWEINGUT GRAF HARDEGG, WEINVIERTEL

WEIN: Graf Hardegg »V«
WEINART: trockener Weißwein
BIOKONTROLLE: Lacon Österreich (Umstellung bis 2009)

Einer der außergewöhnlichsten Weine Österreichs, ja sogar ganz Europas, stammt aus Seefeld-Kadolz, einer kleinen Gemeinde im nordwestlichen Weinviertel, nur wenige hundert Meter von der tschechischen Grenze entfernt. Hier befindet sich das Schlossweingut des Grafen Hardegg, das mit 41 Hektar Rebfläche zu den größten und traditionsreichsten Privatweingütern Österreichs zählt. Seit jeher war dieser seit 2006 biodynamisch arbeitende Betrieb für rassig-frische Veltliner bekannt, wie sie für diese Region so typisch sind. 1995 wurde hier dann aber der Sortenspiegel, der heute unter anderem auch bemerkenswerte Rieslinge, Burgunder, Merlot und Syrah umfasst, mit einem echten Exoten, nämlich dem Viognier, bereichert. Diese von der Rhône stammende Rebsorte erbringt einen aromatischen, geschmeidig-fülligen Weißwein und gilt als ausgesprochen wärmeliebend, weshalb sie auch Verbreitung in heißeren Anbaugebieten rund um den Globus, von Kalifornien bis Australien, gefunden hat. Der Versuch, diese Sorte auch im Weinviertel heimisch zu machen, wurde anfangs von so manchem etwas belächelt, aber dies änderte sich schnell, als bereits die ersten Jahrgänge für Furore sorgten. So konnte sich der Viognier von Graf Hardegg bei internationalen Verkostungen dieser Rebsorte bereits mehrfach gegen die Konkurrenz aus Frankreich und der Neuen Welt durchsetzen und erreichte sowohl im deutschen Magazin *Feinschmecker* als auch im englischen *Decanter* den ersten Platz. Eine offizielle Anerkennung der Sorte in Österreich blieb jedoch bis heute verwehrt, weshalb diese Rebe nicht auf dem Etikett erscheinen darf und der Wein als Tafelwein abgefüllt wird.

Verkostung: Betörendes, hochfeines Bukett mit exotischer Anmutung nach Pfirsichkompott, Orangenblüten und weißem Pfeffer. Großartige Finesse auch in der Ansprache: vielschichtige Aromatik nach Aprikosen und Litschi, aber keinesfalls zu intensiv, sondern ganz im Gegenteil mit einer für die Rebsorte seltenen Eleganz und Balance. Die subtile Säure und das mineralische Rückgrat sichern diesem Viognier ein bemerkenswert lebhaftes Spiel. Im reichen Nachhall sehr fein mit Noten nach Bergamotte und Muskatblüten ergänzt.

Urteil: Verbindet die für diese »südliche« Sorte typische, exotische Fruchtprägung und das seidige Kleid mit einem »nordisch« frischen Kern und feiner Rasse. Ein Erlebnis für feinsinnige Kenner.

Preisregion: 28 bis 31 Euro

Rebsorten: Viognier, Roussanne

Trinktemperatur: 9–10°

Schmeckt …: perfekt zu feiner, nicht zu scharfer asiatischer Küche. Köstlich aber auch zum Hummer »Thermidor«

Gesehen bei: K&U Weinhalle, Kreis

SEPP MUSTER, SÜDSTEIERMARK

WEIN: »Opok«
WEINART: trockener Weißwein
BIOKONTROLLE: ABG (Umstellung bis 2006)

Die Südsteiermark ist eine der anmutigsten Reblandschaften Mitteleuropas. Aufgrund der sanften, grünen Hügellandschaft wird dieses direkt an der Grenze zu Slowenien gelegene Anbaugebiet auch gerne als die »steirische Toskana« bezeichnet. Sepp und Maria Muster führen hier ein überaus bemerkenswertes, rund zehn Hektar großes Weingut, das seit 2003 Mitglied im Demeter-Verband ist. Da die Spezialität der Region vor allem auf duftig-frischen Weißweinen liegt, besteht hier oft die Verlockung, diese möglichst schnell und jugendlich auf die Flasche zu füllen. Nicht so bei den Musters. Hier kann man auf sehr angenehme Weise eine wohltuende »Langsamkeit« des Weins finden. Statt auf schnelle Vergärung und frühe Füllung zu setzen, lässt Sepp Muster seinen Gewächsen jene Zeit im Keller, die sie auf ganz natürliche Weise und für jede Partie individuell zur Entfaltung ihrer Persönlichkeit brauchen. So kann es durchaus passieren, dass selbst Weißweine hier teilweise erst nach zweijähriger Ausbauzeit den Keller verlassen. Das Faszinierende daran ist jedoch, dass sie dabei keineswegs ihre Frische verlieren, sondern viel eher einen Wandlungsprozess von vordergründiger Frische hin zu einer subtileren »inneren« Frische durchlaufen. Die Langsamkeit der Muster-Weine setzt sich aber auch nach der Abfüllung fort. Sie gewinnen durch Flaschenreifung an Finesse und brauchen ebenso im Glas einige Zeit, sich zu öffnen. Dies zwingt nun aber gleichfalls den Verkoster zu einer langsameren Begegnung mit ihnen. Muster-Weine lassen sich nicht im Sturm erobern, sondern nur durch eine Entschleunigung des gewohnten Konsumverhaltens erschließen.

Verkostung: Subtiler Duft von distinguierter Zurückhaltung mit sehr subtilen Aromen nach gelben Birnen, Kamille und jungen Mirabellen. Der mittelgewichtige, harmonische Fruchtkörper wird am Gaumen zusätzlich mit dezenten Bittermandel- und Sandelholznoten bereichert. Alle Komponenten scheinen ungemein engmaschig verwoben, dennoch schimmert ein mineralischer Kern hervor. Fein-nussiger, »steiniger« Nachhall mit dezenten Anklängen von weißem Nougat.

Urteil: Ein in sich ruhender Weißwein ohne jegliche »laute« Elemente. Ein Gentleman unter den steirischen Weinen, der sich höflich zurückhält, sich aber keinesfalls versteckt.

Preisregion: 9 bis 11 Euro

Rebsorten: Sauvignon Blanc, Chardonnay, Welschriesling

Trinktemperatur: 8 – 9°

Schmeckt …: zur Forelle mit Mandelbutter, aber auch zum Carpaccio von Jakobsmuscheln

Gesehen bei: K&U Weinhalle

Weitere Weine auch bei: Pinard de Picard

Weingut Weninger, Mittelburgenland

Franz Weninger gehört zu den Pionieren des Qualitätsweinbaus in Österreich. Als er 1982 den elterlichen Betrieb übernahm, änderte er die Verhältnisse radikal und wand sich einer kompromisslosen Qualitätsphilosophie zu. In seinem Weingut in Horitschon im Mittelburgenland setzte er fortan auf Reduktion der Erträge, strenge Selektion im Weingarten und den langsamen Ausbau in Holzfässern. Was sich heute wie das kleine Einmaleins der Rotweinbereitung liest, war damals auch im Burgenland noch etwas Außergewöhnliches. Im Laufe der Jahre wurde Franz Weninger zu einem der Fixsterne unter den österreichischen Rotweinproduzenten und erhielt 1996 als bisher höchste Anerkennung seines Schaffens den Titel »Winzer des Jahres«. Heute besitzt Franz Weninger 28 Hektar Weingärten rund um Horitschon, die überwiegend mit Blaufränkisch-, Merlot- Zweigelt-, Cabernet-Sauvignon- und Pinot-Noir-Trauben bestockt sind. Ganz in der Nähe dieses Reblandes liegt jener Ort, an dem im August 1989 die ungarischen Grenzzäune geöffnet wurden und damit die Teilung Europas durch den »eisernen Vorhang« ein Schlupfloch bekam. 1992 wagte Weninger als erster österreichischer Winzer den Schritt über diese Grenze und gründete mit einem ungarischen Kollegen das Weingut Weninger & Gere in Villány. Dem Erfolg dieses ersten weinbaulichen »K.u.K-Jointventures« nach der Wende folgte dann ein weiteres Projekt im Nachbarland. Bei Balf, unweit von Sopron, nur etwa 20 Minuten von Rust entfernt, erwarb er 1997 am Südufer des Neusiedler Sees 12 Hektar Weinberge, die heute zu den besten Lagen der Region zählen.

Wein: Blaufränkisch Hochäcker

Weinart: trockener Rotwein

Biokontrolle: Lacon Österreich (Umstellung bis 2009)

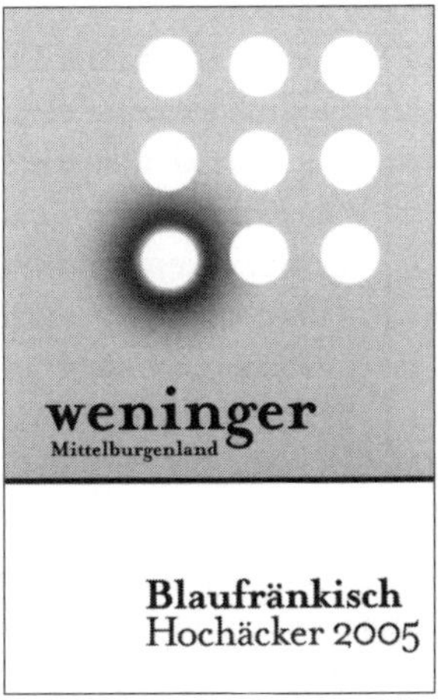

VERKOSTUNG: Vielschichtiges Bukett mit einer für die Sorte nicht unbedingt zu erwartenden Noblesse. Aromen von Brombeeren, Schwarzen Johannisbeeren und Röstzwetschgen halten sich sehr schön die Waage mit feinen Mokka-, Zedernholz- und Lohenoten. Auffallend komplexer Aufbau auch am Gaumen und gute Balance von Frucht und Frische. Sehr gelungener Holzeinsatz, feine, gut eingebundene Gerbsäure. Im Nachhall Anflüge von Leder, Graphit und Cassis.

URTEIL: Ein außergewöhnlich finessenreicher Blaufränkisch, der in seinem aromatischen Aufbau fast ein wenig an feinen Bordeaux erinnert: ein Burgenländer mit französischem Flair!

PREISREGION: 11 bis 12 Euro
REBSORTEN: Blaufränkisch
TRINKTEMPERATUR: 17°
SCHMECKT ...: im Frühling zum Milchlamm mit Bärlauch
GESEHEN BEI: Mövenpick

Weingut Meinklang, Neusiedler See

Wein: Zweigelt
Weinart: trockener Rotwein
Biokontrolle: ABG

Auf dem Demeter-Hofgut Meinklang der Familie Michlits im burgenländischen Pamhangen kann man eindrücklich erfahren, wie sehr die biodynamische Wirtschaftsweise im 21. Jahrhundert »angekommen« ist und dass eine auf Rudolf Steiner fußende Arbeitweise keinesfalls mit modernem Denken und zeitgemäßem Lebensstil in Konflikt stehen muss. Die sympathische Großfamilie betreibt eine traditionelle Mischwirtschaft, in der Ackerbau, Obsterzeugung, Viehhaltung und Weinbau sich gegenseitig bereichernde und ergänzende Teile eines harmonischen landwirtschaftlichen Systems bilden. So kann beispielsweise der Dung der eigenen, rund 200 Tiere umfassenden Angus-Rinderherde als hochwertiger, das natürliche Bodenleben fördernder Dünger in die Rebgärten ausgebracht werden. Dieser jahrtausendealten Betriebsform der Kreislaufwirtschaft steht eine hochmoderne und auch architektonisch sehenswerte Betriebsstätte gegenüber, in der die Produkte verarbeitet werden. Junior Werner Michlits ist hier mit seiner Frau Angela für den Weinbau auf immerhin rund 50 Hektar Fläche zuständig und setzt dabei immer häufiger auf den Ausbau in eiförmigen Betongebinden. Diese Behältnisse lassen eine natürliche Klärung und eine sanfte, dynamische Bewegung während des Ausbaus zu und sorgen für ausgeprägten Sortencharakter bei gleichzeitig vielfältiger aromatischer Tiefe. Doch auch Bierfreunde kommen hier auf ihre Kosten. Seit 2007 wird in Zusammenarbeit mit einer kleinen Privatbrauerei ein biodynamisches Bier aus uralten Getreidesorten wie Einkorn, Emmer und Dinkel erzeugt.

Verkostung: Im Bukett zeigt sich die typische Fruchtprägung der Rebsorte nach Kirschen mit Gewürzen, Brombeeren und einem Anflug von Wacholder bereichert. Mittelgewichtige Ausgewogenheit auf der Zunge und mit feinem Säurespiel angenehm belebend. Die Gerbsäure ist zurückhaltend und wird gut vom Fruchtkörper umhüllt. Im angenehmen Nachhall mit feinwürziger Frische.

Urteil: Vereint den fruchtigen Charme des Zweigelts mit unaufdringlicher Würze.

Preisregion: 8 bis 10 Euro

Rebsorten: Zweigelt

Trinktemperatur: 16 bis 17°

Schmeckt …: zum klassischen Gulasch besonders gut

Gesehen bei: Kaufhof, Mövenpick

Weitere Weine auch bei: Basic (Etikett »Weingut Michlits«), Delinat

Claus Preisinger, Neusiedler See

Wein: Zweigelt
Weinart: trockener Rotwein
Biokontrolle: Lacon (Umstellung bis 2009)

Kurz nach dem »reinigenden Gewitter« des Weinskandals Mitte der achtziger Jahre übernahm in Österreich eine neue Winzergeneration das Ruder und führte das Weinland in vorher kaum geglaubte Höhen. Dieser Aufstieg zu einer weltweit höchst angesehenen Weinnation sollte sich dann als ausgesprochen nachhaltig erweisen, da Mitte der neunziger Jahre ebenso die nächste Winzergeneration dem bedingungslosen Qualitätsweg gefolgt ist. Heute steht nun quasi die dritte Generation in den Startlöchern, und es wird sehr interessant sein zu sehen, wie sich diese gegenüber den mittlerweile »Altvorderen« positionieren wird. Einer der vielversprechendsten unter diesen Jungwinzern ist dabei der Burgenländer Claus Preisinger. Bereits mit 19 Jahren zog es ihn in die weite Welt, nach Kalifornien. Hier lernte er großartige Weine, freiheitliches Denken und unkomplizierte Lebensfreude ebenso kennen und schätzen, wie ihn auf der anderen Seite Weinfabriken und High-Tech-Vinifikation abschreckten. Zurück in Gols an der Nordspitze des Neusiedler Sees durfte er drei Jahre lang einem der besten Weinmacher Österreichs, Hans Nittnaus, im Keller über die Schulter schauen und zur Hand gehen. Mit diesem Rüstzeug ausgestattet, baute er dann als Mittzwanziger sein eigenes Weingut auf und wurde schnell als ein Shootingstar gefeiert. Mittlerweile verfügt Preisinger über 17 Hektar Rebfläche, und seine Spitzencuvée *Paradigma* zählt ebenso wie der Pinot Noir zu den allerbesten Weinen ihrer Art in Österreich. Seine Bekenntnis als Winzer lautet dabei denkbar einfach: »Im Weingarten naturnah nach Rudolf Steiner, im Keller qualitätsfanatisch – weniger ist immer mehr!«

Verkostung: Bereits das außergewöhnlich charaktervolle Bukett – wie es beim Zweigelt nicht allzu häufig zu finden ist – überrascht mit würzigen Aromen von dunklen Kirschen, Pflaumen und dezent herzhaften Noten von Leder und Tabak. Gleichfalls überraschend am Gaumen: Der Fruchtkörper hat großes Volumen und ist reich aufgefächert, der Alkohol hält sich jedoch vornehm zurück. Dazu mit ganz dezenter Gerbsäure strukturiert und mit einem feinen Spiel auf der Zunge.

Urteil: Ein außergewöhnlich markanter, charaktervoller Zweigelt. Laut Preisinger seine »Einstiegsdroge« in Sachen Rotwein.

Preisregion: 8 bis 10 Euro
Rebsorten: Zweigelt
Trinktemperatur: 16°
Schmeckt …: als Begleiter zum Gänsebraten ebenso wie zu rauchigen Würsten und Schinken
Gesehen bei: K&U Weinhalle, Kreis

Champagne

1 Fleury Père & Fils

Elsass

2 Marcel Deiss
3 Josmeyer
4 Marc Kreydenweiss
5 André Stentz

Loire

6 Vignoble Dauny
7 Alphonse Mellot
8 Domaine Vacheron
9 Nicolas Joly
10 Domaine Huet
11 Domaine Chidaine
12 Jo Pithon
13 Domaine de la Garrelière
14 Domaine Bel-Air
15 Domaine de la Madone

Jura

16 Domaine A. & M. Tissot

Burgund

17 Domaine Jeandeau
18 Les Héritiers du Comte Lafon
19 Domaine G. & J.-H. Goisot
20 Domaine Rossignol-Trapet
21 Domaine de Villaine

Beaujolais

22 Domaine Marcel Lapierre

Rhône

23 M. Chapoutier
24 Château Beaucastel
25 Montirius
26 Domaine des Perrières
27 Mas de Libian
28 La Gramière
29 Domaine de Cascavel

Provence

30 Château Duvivier
31 Château Roquefort
32 Domaine d'Eole
33 Domaine Richeaume

Languedoc

34 Domaine Bassac
35 Domaine Soulié
36 Abbaye de Valmagne
37 Château Pech-Latt
38 Domaine d'Aupilhac
39 Alain Chabanon
40 Domaine Leon Barral
41 Château Pech-Redon

Roussillon

42 Domaine Gauby
43 Olivier Pithon

Bordeaux

44 Château Peybonhomme-Les-Tours
45 Château La Grolet
46 Château Moulin du Cadet
47 Château Fonroque

Bergerac

48 Château des Gendres

Frankreich

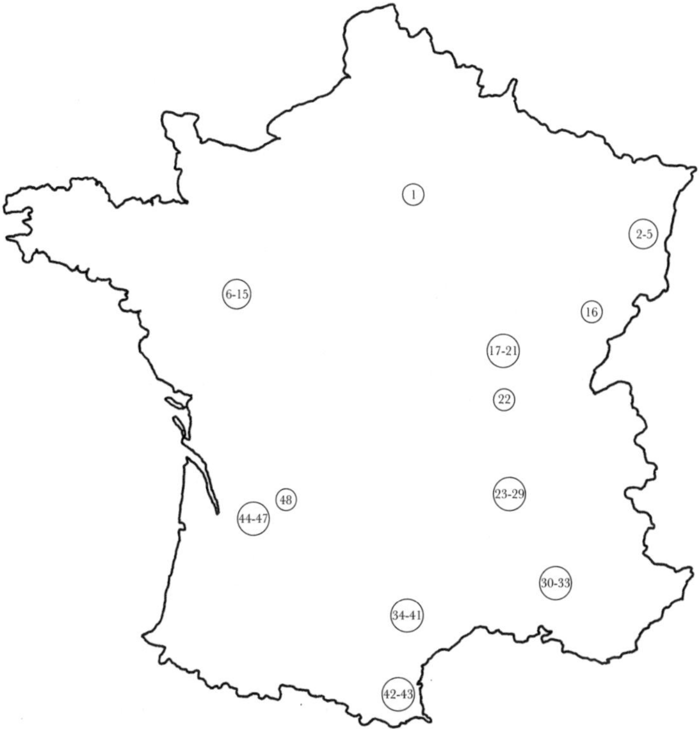

FLEURY PÈRE & FILS, CHAMPAGNE

WEIN: Champagne brut »Carte Rouge«
WEINART: trockener Schaumwein
BIOKONTROLLE: Ecocert

Die Champagne als die unbestritten führende Herkunft erlesener Schaumweine ist weithin von den großen Marken und deren nicht selten millionenfachen Produktionsvolumen geprägt. Trotz dieser Dominanz einer bis ins Detail ausgeklügelten und fast industriell anmutenden Produktionsstruktur konnte auch hier in den vergangenen zwei Jahrzehnten der ökologische Weinbau ganz langsam Fuß fassen und mit bemerkenswerten Erzeugnissen auf sich aufmerksam machen. Pionier war hier Jean-Pierre Fleury aus Courteron an der Côte des Bar, einer Region im Süden des Anbaugebiets, die für besonders ausdrucksvolle Pinot-Noir-Weine bekannt ist. 1989 begann er als erster Winzer in der Champagne damit, seine Rebflächen auf die biodynamische Wirtschaftsweise umzustellen. Seiner Initiative sind mittlerweile zwei weitere Winzerkollegen aus seinem Dorf gefolgt, und somit kann Fleury nun die Trauben einer biodynamischen Rebfläche von 25 Hektar zu feinstem Champagner verarbeiten. Die Basis des 1895 gegründeten Betriebs ist die Cuvée *Carte Rouge*, die ausschließlich aus weiß gekelterten Pinot-Noir-Grundweinen komponiert wird und deshalb gegenüber den meisten großen Markenchampagnern ein deutlich kraftvolleres Aroma mit festem Körper und markantem Charakter aufweist. Bereits die Farbe der *Carte Rouge* ist mit zarten altgoldenen Nuancen außergewöhnlich. Die feine Perlage und das angenehme Aufschäumen zeigen eine sorgfältige Reifung im Keller an.

Verkostung: Klassisches »Blanc de Noirs«-Bukett mit Noten von roten Äpfeln, Beerenfrüchten und Brioche. Ausgesprochen fruchtige Ansprache am Gaumen mit saftigem Fruchtkörper und guter Dichte. Das Mousseux ist sehr gut eingebunden und angenehm cremig. Feine nussige Noten im Nachhall.

Urteil: Sorgfältig gemachter, fruchtbetonter Champagner mit eigenständiger Persönlichkeit. Weit entfernt vom Middle-of-the-road-Einerlei der großen Marken.

Preisregion: 27 bis 30 Euro

Rebsorten: Pinot Noir

Trinktemperatur: 8 – 9°

Schmeckt …: als Essensbegleiter – durchaus auch zu kräftigen Fleischgerichten – sogar noch viel besser als nur zum Apéro

Gesehen bei: Basic, Delinat

Weitere Weine auch bei: Alnatura

Marcel Deiss, Elsass

Wein: Muscat »Bergheim«
Weinart: trockener Weißwein
Biokontrolle: Ecocert

Jean-Michel Deiss, Spross einer alten Winzerfamilie aus Bergheim bei Ribeauvillé, deren Weingut bereits 1744 von Marcel Deiss gegründet wurde, gilt als ein Starwinzer – im Elsass und weit darüber hinaus. Doch dieser Titel ist auf den gewissenhaften und bodenständigen Arbeiter eigentlich unpassend. »Vergessen wir nicht, dass der Winzer nicht nur Poet und einfühlsamer Interpret ist, sondern auch und vor allem Bauer, ein Mensch, der für sein Land, für sein Terroir schwitzt und lebt. Und wenn die Biodynamie zwar nicht der gesamte Acker- und Landbau ist, so ist doch wirklicher Weinbau schwer möglich ohne Biodynamie«, so ein Credo von Jean-Michel Deiss. Das individuelle Terroir seiner insgesamt 27 Hektar umfassenden, auf nicht weniger als 220 verschiedenen Parzellen in neun Gemeinden verstreuten Rebgärten sieht er als großen Schatz an. Die Arbeit des »Weinmachers«, ja selbst die jeweiligen Rebsorten, ist dabei nur Werkzeug, um dieses Terroir zum Ausdruck zu bringen. Bei seinen Einzellageweinen, allen voran natürlich die monumentalen Grand Crus aus Altenberg, Manbourg und Schoenenburg, wird deshalb auf die sonst im Elsass übliche sortenreine Abfüllung zugunsten eines Mischsatzes verzichtet, der den jeweiligen Lagencharakter am besten zum Ausdruck bringt. Neben diesen »vins de terroirs« produziert der Demeter-Betrieb aber auch noch überaus bemerkenswerte »herkömmliche« Rebsortenweine, hier »vins de fruits« genannt, die gleichermaßen zum Besten gehören, was man im Elsass zurzeit finden kann.

Verkostung: Köstlich duftiges Aroma nach Muskatellertrauben, mit Noten von frischen Zitrusfrüchten und Akazienblüten unterlegt. Charmanter, balancierter Fruchtausdruck am Gaumen, reich und aufgefächert, aber keinesfalls »laut« oder aufdringlich, sondern wunderbar fein und mit klarer Struktur und Frische gestützt. Feine, aromatische Rasse im Nachhall.

Urteil: Ein ungemein anregender Wein, der die verführerische Frucht der Rebe mit einer für diese Weinart seltenen, subtilen Rasse und feinen Eleganz verbindet.

Preisregion: 18 bis 19 Euro

Rebsorten: Muscat

Trinktemperatur: 8°

Schmeckt …: als Aperitif vor einem Festessen am Sonntagmittag besonders gut. Aber auch köstlich zum Flammkuchen.

Gesehen bei: Pinard de Picard

Josmeyer, Elsass

Die überaus renommierte Domaine Josmeyer hat neben den Klassikern Riesling und Gewürztraminer auch ein besonderes Faible für die weißen Burgundersorten. Dass man herausragende Pinot Gris erzeugt, ist zwar für das Elsass nicht ungewöhnlich, eine besondere Hingabe an den Pinot Blanc und den selten gewordenen Auxerrois jedoch schon. Während Ersterer in der Region häufig eher die einfacheren Tischweine oder Grundweine für die Crémant-Produktion liefert, wenn nicht sogar in den Edelzwicker verschnitten wird, nimmt man diese Sorte bei Josmeyer durchaus ernst und erzeugt einen köstlich duftigen und harmonischen Essensbegleiter, der sehr gut zu einer Vielzahl von Vorspeisen passt – kurz das, was man gerne einen gastronomischen Wein nennt. Aus Letzterem keltert man mit dem raren Auxerrois »H« sogar einen der besten Weine dieser Rebsorte überhaupt, wobei das »H« für den Grand Cru *Hengst* steht. Obgleich in dieser Lage gewachsen, darf der Wein diese Bezeichnung nicht auf dem Etikett tragen, da der Auxerrois keine der im Elsass für Grand Crus zugelassene Sorte ist. Die Domaine wurde 1854 von dem Gastronomen Aloyse Meyer im Städtchen Wintzenheim westlich von Colmar gegründet. Sein Nachfolger Joseph Meyer fasste dann die Abkürzung seines Vornamens mit dem Familiennamen zur eingängigen Bezeichnung der Domaine Josmeyer zusammen. Beginnend im Jahr 1999 wurde auf den rund 25 Hektar umfassenden Rebgärten des Guts die biodynamische Wirtschaftsweise eingeführt. Darüber hinaus werden auch noch die Trauben einer Gruppe benachbarter Winzer verarbeitet, die ebenfalls zertifiziert sind.

Wein: Pinot Blanc Josmeyer
Weinart: trockener Weißwein
Biokontrolle: Concert/Ecocert

Verkostung: Feiner, nicht zu »lauter« Duft nach frischen Äpfeln, Mandeln und Zitrusfrüchten. Seidig-geschmeidige Ansprache auf der Zunge. Die reife, milde Säure ist gut gepuffert. Dennoch mit feiner innerer Frische und mineralischem Kern. Mittelgewichtige Balance und klarer Nachhall.

Urteil: Ein harmonischer Weißburgunder mit nobler Zurückhaltung: Er drängt sich zu Tisch nicht vor, sondern unterstreicht den Genuss auf feine Art.

Preisregion: 11 bis 12 Euro

Rebsorten: Pinot Blanc

Trinktemperatur: 8–9°

Schmeckt …: zu zahlreichen Vorspeisen und Salaten, aber auch zu feinen Süßwasserfischen. Passt sich vielfältig an

Gesehen bei: Wein & Glas

MARC KREYDENWEISS, ELSASS

WEIN: Riesling Andlau »Au dessus de la Loi«
WEINART: trockener Weißwein
BIOKONTROLLE: Ecocert

Andlau, ein kleiner Ort rund 15 Kilometer nördlich von Selestat reizvoll am Ausgang eines Vogesentals gelegen, war seit jeher für seinen Weinbau berühmt. Vor allem die Rebgärten des im Jahr 880 gegründeten und später von Benediktinernonnen geführten Klosters dieses Ortes trugen über Jahrhunderte hinweg zu diesem Ruf bei. Heute ist der Name Andlau jedoch untrennbar mit der Person von Marc Kreydenweiss verbunden. 1971 trat er als damals 23-Jähriger in die Verantwortung für das Weingut seiner Familie ein. Ein Erweckungserlebnis war für den engagierten Winzer dann die Begegnung mit einem Wissenschaftler der Universität Strasbourg im Jahr 1984, der Kreydenweiss auf die einzigartige geologische Situation seines Heimatorts aufmerksam machte. Auf einem Abschnitt von nur wenigen Hundert Metern befinden sich hier nämlich fünf völlig unterschiedliche Gesteinsformen in den Tiefen der Weinbergsböden. Lange bevor man hierzulande vom Terroirkonzept sprach, setzte Kreydenweiss bereits seine ganze Anstrengung darauf, diese einzigartige natürliche Ressource in seinen Weinen »sprechen« zu lassen, und entdeckte schon sehr bald die biodynamische Wirtschaftsweise als einen Schlüssel hierzu. Der Vergleich seiner beiden großartigen Grand-Cru-Rieslinge aus dem Wiebelsberg (mit Vogesensandsteinboden) und dem Kastelberg (mit einem in der Region einzigartigen Untergrund aus Steiger-Schiefer) zählt zu den beeindruckendsten Verkostungserfahrungen, die man heute im Elsass machen kann. Doch bereits der auf Grauschiefer gewachsene Ortsriesling gibt einen ersten Eindruck von der faszinierenden Mineralität dieser Weine.

Verkostung: Reicher, aber zugleich aufgefächerter Rieslingduft nach Aprikosen, Pfirsichhaut, Rosenblättern und einer subtilen »Petrol«-Note des Schiefers. Gleichzeitig saftig-dicht als auch lebhaft auf der Zunge. Das harmonische Säurespiel ist sehr gut mit dem Fruchtkörper verwoben. Die mineralischen Kopfnoten im Aroma am Gaumen treten zum Nachhall hin immer deutlicher hervor und beleben diesen auf markante Weise.

Urteil: Eine zeitgemäße und selbstbewusste elsässische Rieslingpersönlichkeit.

Preisregion: 12 – 13 Euro

Rebsorten: Riesling

Trinktemperatur: 8°

Schmeckt …: zum elsässischen *Baeckeoffe* ebenso wie zum Fasan auf Rieslingkraut

Gesehen bei: Pinard de Picard

Weitere Weine auch bei: Kreis, Wein & Glas

ANDRÉ STENTZ, ELSASS

WEIN: Crémant d'Alsace
WEINART: trockener Schaumwein
BIOKONTROLLE: Ecocert

Die Herstellung des Crémants spielt im Elsass eine bedeutende Rolle. Fast ein Fünftel der gesamten Ernte fließt in die Erzeugung dieser Qualitätssekte, die bereits seit 1976 über eine geschützte Herkunftsbezeichnung verfügen. Neben den Produkten der großen Kellereien sind hierbei vor allem die Winzersekte der kleinen Erzeuger bemerkenswert, da sie oft eine weitaus individuellere und eigenständigere Persönlichkeit ausweisen als die großen Marken. Ein echtes Juwel unter diesen handwerklich gemachten Sekten ist für mich ohne Zweifel jener von André Stentz. In seinem kleinen, seit 1984 ökologisch geführten Familienweingut in Wettolsheim, wenige Kilometer südlich vor den Toren von Colmar, erzeugt er einen Crémant gänzlich ohne Schwefelzugabe. In Verbindung mit einem zweijährigen Flaschenlager auf der Hefe führt dies zu einem ganz eigenen Charakter, der weniger von der fruchtig-frischen Art der meisten anderen elsässischen Sekte geprägt ist als von einer feinen Reife- und Oxidationsnote, wie man sie auch bei guten Champagnern findet. Weiterhin zwingt der Verzicht auf Schwefelzusatz André Stentz dazu, im Keller äußert sorgfältig und sauber zu arbeiten – was der Bekömmlichkeit seiner Weine sicherlich zugutekommt. Der Grundwein für diesen Crémant ist eine Assemblage aus 80 Prozent Pinot Blanc und 20 Prozent weißgekeltertem Pinot Noir, beide gewachsen auf den tonigen Kalkböden der Lage Rosenberg, einem Ausläufer des Grand Crus Pfersigberg.

VERKOSTUNG: Vielschichtig aufgefächerter, reifer Duft nach Brioche, gerösteten Haselnüssen, Quittengelee und ein wenig Beerenkompott. Angenehme Ansprache mit guter Kohlensäurebindung. Reifer Fruchtkörper mit dezenten Nougat- und Akaziennoten. Feines Säurespiel durchzieht den Wein bis in den Nachhall.

URTEIL: Überaus bemerkenswerter Crémant mit großer Persönlichkeit: eine tolle Alternative zum Champagner.

PREISREGION: 16 bis 17 Euro

REBSORTEN: Pinot Blanc, Pinot Noir

TRINKTEMPERATUR: 8°

SCHMECKT ...: besonders gut, wenn er eine elsässische Schlachtplatte mit Sauerkraut zu einem echten Gourmeterlebnis adelt!

GESEHEN BEI: Alnatura, Basic

VIGNOBLE DAUNY, LOIRE

WEIN: Sancerre »Les Caillottes«
WEINART: trockener Weißwein
BIOKONTROLLE: Ecocert

Sancerre gilt nach wie vor als das archetypische Vorbild für einen klassischen Sauvignon Blanc. Dass dies heute noch immer so ist, ist nicht nur aufgrund der zahlreichen erfolgreichen Weine dieser Sorte aus aller Herren Länder rund um den Globus – von Südafrika bis Neuseeland – sehr erstaunlich, sondern auch weil diese Gemeinde an der Loire bis vor rund 110 Jahren fast ausschließlich roten Pinot Noir produziert und erst nach der Reblausplage auf den Sauvignon Blanc umgestellt hat. Was an einem guten Sancerre so geschätzt wird, ist die Verbindung der für die Rebsorte typischen pflanzlichen Frucht mit der sublimen Mineralität des Bodens. Kenner unterscheiden hierbei sogar drei unterschiedliche Ausprägungen. Die nach Osten geneigten Rebgärten weisen einen hohen Silikatgehalt im dominierenden Kalkstein auf, was zu besonders mineralischen, wenngleich manchmal auch etwas weniger fruchtigen Weinen führt. Im Westen des Anbaugebiets wird der Boden schwerer, und die »Terres blanches« genannten, tonigen Kalkmergelböden bringen tiefe, stoffige Weine hervor. Dazwischen, quasi im Herzen der Appellation, dominiert der kiesig-steinige Kalkboden »Caillottes«, der meist die ausgewogensten Weine mit duftiger Sortenfrucht und feiner Mineralität erbringt. Wenn also der Sancerre als Paradebeispiel für die Typizität des Sauvignon Blancs gilt, dann könnte man weiterhin sagen, dass die Weine von »Les Caillottes« als das Paradebeispiel für die Typizität des Sancerre gelten. Gerade durch den Ökoweinbau können sich diese Terroirunterschiede besonders prägnant im Glas wiederfinden lassen, wie die Weine von Christian Dauny sehr schön zeigen.

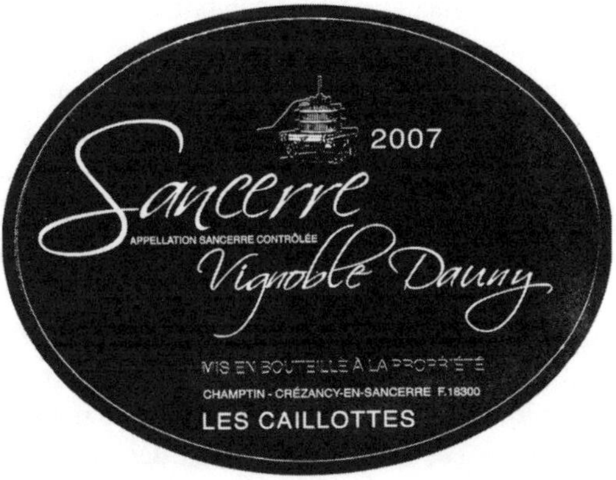

Verkostung: Unverkennbarer Duft nach frischem Gras und Brennnesseln, Stachelbeeren und Quitten. Eine typische Feuersteinnote klingt mit an. Frisches Säurespiel, eingehüllt in einen feinfruchtigen Körper. Im Nachhall mit deutlich mineralischer Prägung ausklingend.

Urteil: Ein Klassiker, traditionell und mit klarer Herkunftsprägung.

Preisregion: 13 bis 15 Euro

Rebsorten: Sauvignon Blanc

Trinktemperatur: 8°

Schmeckt …: zur Meeresfrüchteplatte, aber auch besonders gut zu frischem Ziegenkäse

Gesehen bei: Basic

ALPHONSE MELLOT, LOIRE

WEIN: Sancerre »La Moussière«
WEINART: trockener Weißwein
BIOKONTROLLE: Ecocert

Es würde wohl niemand in der Weinwelt Einspruch erheben, wenn man Alphonse Mellot als »Mister Sancerre« bezeichnet. Er begann seine Tätigkeit auf dem Weingut seiner Familie in den frühen siebziger Jahren und setzte damit in 18. Generation diese Weindynastie fort. Nach dem in dieser Zeit der Sancerre immer mehr zum Modewein wurde und immer größere Mengen immer belangloserer Tropfen zu erstaunlich überhöhten Preisen den Markt überschwemmten, schwante Mellot, dass dies kein gutes Ende nehmen würde. Seither widmet er sich mit aller Kraft einer Renaissance der klassischen Vorzüge des Sancerres, nämlich subtil verwobener Mineralität und fein aufgefächerter Vielschichtigkeit. Die Rückbesinnung auf das Terroir dieser Region im Allgemeinen und das seines berühmten Weinbergs *La Moussiere* im Besonderen führte fast zwangsläufig auch zur Hinwendung auf zunächst naturnahe, später dann biodynamische Methoden der Bewirtschaftung. Bereits 1980 wurde mit der Einführung der auf Nachhaltigkeit bedachten »agriculture raisonnée« ein erster Schritt in eine Entwicklung gemacht, die 2006 mit der Aufnahme in den Biodyvin-Verband ihren Abschluss fand. Heute sind die Weine von Mellot ein Paradebeispiel dafür, wie fein ein Sancerre schmecken kann. Sie haben dabei nichts von der oft vordergründigen Primärfrucht vieler einfacherer Weine dieser Appellation, sondern sind bei allem Ausdruck stets sehr distinguierte und harmonische Gewächse, die – und auch das ist ein Gegensatz zu vielen anderen Sancerres – nicht unbedingt sehr jung getrunken sein müssen, sondern durchaus von zwei, drei Jahren in der Flasche profitieren können.

Verkostung: Feiner, nobler Duft nach Grapefruit, gelben Äpfeln, Mirabellen und Weißen Johannisbeeren, das Ganze mit der für die Appellation typischen (aber gar nicht so häufig anzutreffenden) Feuersteinnote unterlegt. Merklich mineralisch geprägte Frucht auch am Gaumen. Das überaus angenehme Säurespiel ist präsent, aber keinesfalls aufdringlich und sehr gut verwoben. Im Nachhall zeigen sich frische Kräuter und Blüten sowie eine ganz dezente Holzwürze.

Urteil: Ein in sich geschlossener Sancerre für »Fortgeschrittene«: weniger »laut«, dafür umso subtiler und charaktervoller im Ausdruck.

Preisregion: 16 bis 17 Euro

Rebsorten: Sauvignon Blanc

Trinktemperatur: 8°

Schmeckt …: klassisch zu Muscheln und Taschenkrebs, »interkulturell« auch zu Linguini mit Pesto und Pinienkernen

Gesehen bei: Pinard de Picard

DOMAINE VACHERON, LOIRE

WEIN: Sancerre
WEINART: trockener Rotwein
BIOKONTROLLE: Ecocert

Dass die Appellation Sancerre neben ihren weltberühmten Weißweinen in deutlich geringerem Umfang auch Rotweine hervorbringt, ist vielen Weinfreunden hierzulande gar nicht recht bewusst. Und wenn man ehrlich ist, dann muss man sagen: wahrscheinlich zu Recht. Denn die dort erzeugten Pinot Noirs sind meist eher von einfacherer, leichtgewichtiger Natur und können sich kaum in den Vergleich mit den Gewächsen Burgunds stellen. Dass es jedoch auch anders geht, beweist seit vielen Jahren die Domaine Vacheron. Das von den Brüdern Jean-Louis und Denis Vacheron geleitete 45-Hektar-Weingut, in dem mittlerweile deren überaus engagierte und international erfahrene Söhne das Ruder übernommen haben, gehört zu den ganz wenigen Adressen in Sancerre, die gleichermaßen herausragende Weißweine als auch Rotweine vorweisen können. Während in vielen anderen Betrieben der Pinot Noir eher »nebenher mitläuft«, nimmt man diese überaus anspruchsvolle und heikle Sorte hier sehr ernst. Niedrige Erträge, alte Rebanlagen und eine zweimalige Traubenselektion, im Weinberg und am Sortiertisch vor der Kelterung, sind nur einige der angewandten Prinzipien, die zu dichten und tiefen Pinot Noirs führen, wie sie für die Appellation außergewöhnlich sind. Die biodynamische Wirtschaftsweise tut ein Übriges, um diesen Gewächsen einen ausgeprägten Terroircharakter zu verleihen. Somit gelten die Rotweine der Vacherons heute für viele Kenner als ein Vorbild dafür, was ein Sancerre rouge sein kann – aber leider nur selten ist.

Verkostung: Charaktervolle, leicht erdig geprägte Frucht nach Schlehen, dunklen Himbeeren und Brombeeren, mit einem Anflug von Pferdeleder unterlegt. Mittelgewichtige Balance und angenehme Frische am Gaumen. Feine, fruchtige Weinsäure und gemäßigtes Tannin im Nachhall.

Urteil: Ein Wein von eigenständiger Persönlichkeit, der die Frucht eines Burgunders mit der Frische der Loire vermählt.

Preisregion: 20 bis 22 Euro
Rebsorten: Pinot Noir
Trinktemperatur: 15°
Schmeckt …: als perfekter Partner zum Coq au Vin besonders gut
Gesehen bei: Wein & Glas

Nicolas Joly, Loire

Wenn es so etwas wie eine Heimstatt des biodynamischen Weinbaus gibt, dann dürfte diese wohl ohne Zweifel das Weingut der Familie Joly im Loiretal sein. Diese Domaine, für deren berühmten Weinberg Coulée de Serrant sogar eine eigene Appellation existiert, galt seit jeher als eine der legendärsten Adressen des französischen Weinbaus. Im Jahr 1978 kehrte Nicolas Joly mit einem MBA-Diplom der Columbia University in der Tasche auf das Weingut seiner Familie zurück, um dessen Führung von seiner Mutter zu übernehmen. Die Begegnung mit Rudolf Steiners Buch »Geisteswissenschaftliche Grundlagen zum Gedeihen der Landwirtschaft« wurde für Joly dann zu einer Erfahrung, die sein ganzes Leben verändern sollte. Er begann ab 1980 damit, die Steiner'schen Methoden auch auf seinem Weingut anzuwenden, und hatte bis 1984 den gesamten Betrieb auf die biodynamische Erzeugung nach Demeter umgestellt. Joly behielt sein Wissen und seine Erfahrungen jedoch nicht für sich, sondern gab diese gern an Kollegen in aller Welt weiter und wurde schnell zu einem international gefragten Referenten – oder, wie es manche auch ausdrücken: Hohepriester – des biodynamischen Weinbaus. Sein 1997 erschienenes Buch »Le vin – du ciel à la terre« (deutscher Titel: »Beseelter Wein«) hat viele Winzerkollegen rund um den Globus beeinflusst. Seine Weine selbst blieben jedoch bis heute nicht unumstritten. »Herausragende, solitäre und lebendige Weinmonumente«, sagen die Anhänger, »seltsam vinifizierte Rohlinge«, sagen die Kritiker. Es gibt wohl kaum ein anderes Weingut, bei dem man sich als Weinliebhaber in diesem Maße sein ganz eigenes Urteil bilden muss.

Wein: Savennières »Les Vieux Clos«
Weinart: trockener Weißwein
Biokontrolle: Ecocert

Verkostung: Straffe Mineralität im Duft nach getrockneten Äpfeln, kandierter Quitte, Erdnüssen und gelben Blüten. Knackige Ansprache mit geradezu kristallinem Säurespiel. Zurückhaltende Frucht am Gaumen nach Limetten, ungemein rassig und mit beinahe »salziger« Mineralität. Vibrierende Länge.

Urteil: Wer noch nicht weiß, was Weinfreaks meinen, wenn sie von »purer Mineralität« sprechen, sollte diese Flasche als den »Einstiegswein« des Guts probieren. Wer es dabei ein wenig harmonischer mag, der sollte Jolys Rat folgen und 24 Stunden (!) vorher dekantieren.

Preisregion: 22 bis 24 Euro

Rebsorten: Chenin Blanc

Trinktemperatur: 11° (Joly empfiehlt sogar 14°)

Schmeckt ...: perfekt zu gratinierten Austern

Gesehen bei: Pinard de Picard, K&U Weinhalle, Wein & Glas

Weitere Weine auch bei: FUB

DOMAINE HUET, LOIRE

Noel Pinguet, der *Directeur* des Weinguts Huet in Vouvray, gilt als der vielleicht beste Weinmacher der Welt, wenn es um die nicht einfach zu vinifizierende Chenin-Blanc-Rebe geht. Dieser internationale Ruf ist umso erstaunlicher, da seine Weine keinesfalls gefällige Tropfen sind, die jedem schmecken. Ganz im Gegenteil. Die konsequente Terroirprägung und eine streng biologisch-dynamische Wirtschaftsweise nach Demeter lassen hier Weine von selbstbewusster Eigenständigkeit und markanter Persönlichkeit entstehen. Neben dieser ausgeprägten Individualität ist allen Weinen der Domaine Huet – es werden sowohl trockene als auch süße und schäumende Vouvrays erzeugt – gemein, dass sie sehr gut altern und dabei laufend an Finesse und Komplexität gewinnen können. Ich selbst hatte vor einigen Jahren das Vergnügen, einen wunderbar vitalen 1947er probieren zu dürfen, und selbst ein 30 Jahre alter Perlwein dieses Guts kann köstlich sein. Wer in die Welt dieser höchst anspruchsvollen und geradezu intellektuellen Weine eintauchen möchte, der sollte vielleicht zunächst einen trockenen Vouvray probieren und sich dabei mit dem doch sehr eigenen Fruchtcharakter dieser Gewächse vertraut machen, um dann später auch einmal einen der hochfeinen und exklusiven edelsüßen Weine zu verkosten. Die Domaine Huet verfügt über drei sehr unterschiedliche Weinberge, deren Gewächse meist als Einzellagenweine abgefüllt werden. Neben dem *Haut-Lieu* und dem *Le Mont* gehört dazu der *Clos de Bourg*, ein komplett mit einer alten Mauer umfasster Rebgarten, der bereits im 7. Jahrhundert als Lehensgut der Abtei Saint-Martin in Tours bekannt war.

WEIN: Vouvray sec »Clos de Bourg«
WEINART: trockener Weißwein
BIOKONTROLLE: Ecocert

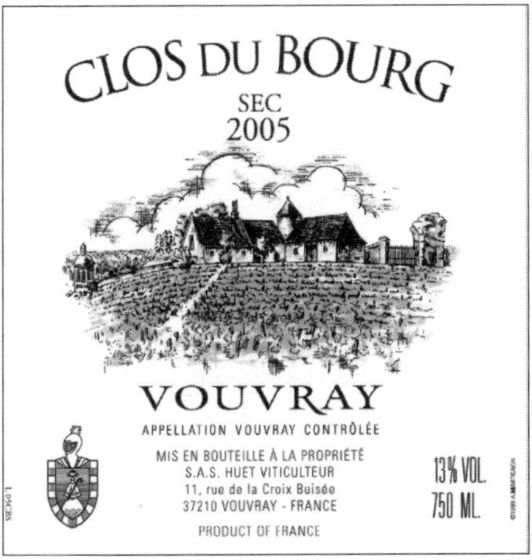

Verkostung: Markanter Duft nach Apfelkompott, Quitten, Bienenwachs, Honig und nasser Wolle. Dabei mit einer kernigen, leicht rauchigen Mineralität unterlegt. Nach dem reichen reifen Bukett erscheint die Ansprache auf der Zunge erstaunlich straff und mit präzise fokussiertem Säurespiel. Das reife Aroma nach getrockneten Quitten und vollreifen Delicious-Äpfeln setzt sich am Gaumen fort, wird aber von einer hochkomplexen Struktur merklich gezügelt. Vibrierender, ausgesprochen mineralischer Nachhall.

Urteil: Ein intellektuelles Weinerlebnis außerhalb des gewohnten Geschmackskorridors. Auch wenn es bei einem Weißwein eher ungewöhnlich ist: vor dem Genuss dekantieren!

Preisregion: 16 bis 18 Euro
Rebsorten: Chenin Blanc
Trinktemperatur: 9–10°
Schmeckt …: zu Jakobsmuscheln mit Chicorée
Gesehen bei: K&U Weinhalle
Weitere Weine auch bei: Kreis

Domaine Chidaine, Loire

Die Geschichte von François Chidaine könnte aus einem Hollywood-Drehbuch stammen. 1989 begann er als junger, engagierter Winzer mit gerade einmal 4,5 Hektar Rebfläche in Montlouis. Diese Gemeinde liegt, nur durch den Fluss getrennt vom weltberühmten Vouvray, am Südufer der Loire. Obwohl beide Städtchen in ihrem Weinbau vieles gemeinsam haben, trennen sie doch Welten. Hier das mit großen Lagen und langem Ruhm gesegnete Vouvray, auf der anderen Seite das deutlich kleinere und stets etwas im Schatten des Nachbarn stehende Anbaugebiet von Montlouis. Chidaine bewies jedoch rasch, welch großartige Weine sich auch auf seiner Seite der Loire erzeugen ließen, und ebenso schnell wie sein Ruf wuchs damit auch seine Domaine. Ende 2001 wollte dann einer der besten Winzer vom gegenüberliegenden Ufer, Prince Philippe Poniatowski, sein Weingut schließen und seinen berühmten Weinberg Clos Baudoin verkaufen. Chidaine überzeugte trotz der über den Fluss hinweg bestehenden Rivalitäten den aus altem polnischen Adel stammenden Prinzen, dass er den legendären Ruf dieses Rebgartens am besten weiterführen würde, und konnte somit ab dem Jahrgang 2002 erstmals Weine von beiden Ufern der Loire ausbauen – ein geradezu unerhörter Vorgang, der nach Aussage lokaler Beobachter bisher einzigartig in der Geschichte der beiden Weinorte gewesen sein soll. Heute verfügt die Domaine über 30 Hektar Reben, davon rund ein Drittel in Vouvray, und zählt zu den besten Erzeugern im Loiretal. Obwohl es Chidaine nie besonders betonte, führte er sein Gut seit 1990 ökologisch und begann ab 1999 mit der Umstellung auf biodynamische Methoden.

Wein: Montlouis »Clos du Breuil«
Weinart: trockener Weißwein
Biokontrolle: Ecocert

Verkostung: Reiches Fruchtbukett nach Honig, Lindenblüten, gelben Pflaumen und markante Kalksteinnoten. Auf der Zunge durchdringt ein kristallines und rassiges Säurespiel den gut verwobenen Fruchtkörper und sorgt für tolle Balance. Die saftige Frucht wird von einem ausgesprochen mineralischen, fast »salzigen« Rückgrat getragen. Dezente Vanillenoten umspielen ein köstliches Aroma nach Aprikosenkompott im Nachhall.

Urteil: Ein Klassiker und damit ein Musterbeispiel für einen großen, trockenen Chenin von der Loire. Dürfte aber auch Riesling-Fans Freude machen.

Preisregion: 14 bis 16 Euro

Rebsorten: Chenin Blanc

Trinktemperatur: 8°

Schmeckt …: zu Kalbsgeschnetzeltem mit Wokgemüse und Zitronengras

Gesehen bei: Kreis, FUB

Jo Pithon, Loire

Wein: Coteaux du Layon »Les 4 Villages«
Weinart: Edelsüßer Weißwein
Biokontrolle: Qualité France

Obwohl sie mit vielschichtiger Frucht und rassigem Säurespiel unseren Riesling-Auslesen nicht unähnlich sind, genießen die hochfeinen edelsüßen Weine des Anjou hierzulande bisher nur unter wenigen Kennern größere Bekanntheit. Das ist schade, denn diese aus der Chenin-Rebe gekelterten Gewächse können überaus delikat sein. Die bekanntesten Appellationen für solche Weine sind vor allem Quarts de Chaumes, Bonnezeaux und die Coteaux du Layon. Während es sich bei den beiden ersten fast immer um exklusive und entsprechend teure Kreszenzen handelt, werden in letzterer Appellation auch größere Mengen eher einfacherer und günstigerer Tropfen erzeugt. Mit solchen Konsum-Süßweinen hat Jo Pithon jedoch nichts am Hut. 1978 gründete er im Herzen des Layontals sein Weingut, das heute 27 Hektar bester Rebgärten der Region umfasst und seit 1997 als Ökobetrieb zertifiziert ist. Pithon gilt mittlerweile als der »Superstar« der Loire in Sachen edelsüßer Weine. In mehrmaligen Lesedurchgängen werden hierfür hochreife, von Edelfäule befallene Trauben geerntet und zu »flüssigen Juwelen« vinifiziert, die zu den besten Süßweinen Frankreichs zählen können. Die Einzellagenweine aus Coteaux du Layon und Bonnezeaux entsprechen dabei in ihrer Dichte und Süße in etwa deutschen Beeren- bzw. Trockenbeerenauslesen, während der »Einstiegswein« in die herrliche Süßweinwelt Pithons, der aus Trauben verschiedener Terroirs komponierte *Les 4 Villages*, sich am ehesten mit einer konzentrierten Auslese vergleichen lässt. All diesen Weinen ist gemein, dass sie von einer frischen Säure wunderbar balanciert werden und außergewöhnlich gut altern können.

Verkostung: Vollreifer Duft nach kandierten Südfrüchten, Pfirsichkompott, goldgelben Weinbeeren, karamellisierter Ananas und einer dezent rauchigen Terroirprägung. Köstliche Ansprache mit hochkomplexem Aroma. Sehr feine Fruchtsüße und Aromen nach Obstkompott und Blüten am Gaumen. Die brillanten mineralischen Säureadern sorgen für subtile Balance und heben zum Nachhall hin die Süße fast auf.

Urteil: Ein großer, aber auch eigenwilliger Weincharakter mit ausgesprochen fein verwobener Süße und Frucht.

Preisregion: 25 bis 26 Euro

Rebsorten: Chenin Blanc

Trinktemperatur: 7°

Schmeckt ...: perfekt zu altem Parmesan, aber auch zu Wildpastete oder leichten Obsttartes

Gesehen bei: Kreis

DOMAINE DE LA GARRELIÈRE, LOIRE

WEIN: Touraine »le Chenin«
WEINART: trockener Weißwein
BIOKONTROLLE: Ecocert

Als Kardinal Richelieu im Jahr 1631 die Stadt Richelieu anstelle eines gleichnamigen Dorfs in der südlichen Touraine erbauen ließ, waren Kernstücke der Weinberge von Domaine de la Garrelière bereits vorhanden. Man erkannte die günstige Lage dieser Reben zur Versorgung der neuen Stadt und erweiterte deshalb im Zuge der Bautätigkeit auch diese rund fünf Kilometer vor den Toren gelegenen Weingärten. Seit 1973 ist die Domaine de la Garrelière im Besitz der Familie Plouzeau, und mit dem Generationswechsel Mitte der achtziger Jahre zu François Plouzeau, der heute den Betrieb mit seiner Frau Pascale führt, begann die Hinwendung zu biodynamischem Anbau und Erzeugung. Obwohl Plouzeau mittlerweile zu den auch international hoch geschätzten Größen des Ökoweinbaus in Frankreich zählt, hat er dennoch nie jenen »Star-Status« erreicht – und auch nicht angestrebt –, wie er den berühmteren Weingütern seiner Region, allen voran natürlich Huet und Coulee de Serrant, zugesprochen wird. Diese ganz natürliche Bescheidenheit kann man auch in seinem Wein erschmecken. Hier werden keine »lauten«, jedermann gleich beeindruckenden Gewächse erzeugt, sondern viel eher in sich ruhende, tiefe und stimmige Weine. Sowohl Sauvignon Blanc als auch Chenin dieses Gutes sind in ihrer Duftigkeit im Gegensatz zu vielen anderen Weinen der Loire eher zurückhaltend und gefallen vielmehr durch ihr dicht verwobenes, harmonisches Aroma. Es sind somit vor allem sehr gute Tischweine, die sich vielfältig einsetzen lassen. Übrigens: die natürliche Bescheidenheit Plouzeaus zeigte sich erfreulicherweise auch in den Preisen seiner Weine!

VERKOSTUNG: Bereits die Farbe, ein ansprechendes, sattes und kristallin funkelndes Gold, gibt den Stil dieses Weines vor. Zunächst ein Duft von dezenter Zurückhaltung, bei genauem »Hinriechen« jedoch fein aufgefächert nach Quittengelee und Mirabellentarte sowie leicht würzigen Noten nach Zitrus- und Akazienblüten. Angenehm dicht in der Ansprache und mit fein abgestimmter Balance auf der Zunge. Das fein mineralische Säurespiel ist sehr gut verwoben. Ein saftiger, runder Körper, weder zu schwer noch zu leicht, entwickelt sich am Gaumen.

URTEIL: Ein vollwertiger, »kompletter« Chenin Blanc, wie er in dieser Preisklasse nur selten zu finden ist. Wer nicht recht weiß, welchen Wein er zu einem bestimmten Essen öffnen soll, der wird mit diesem anpassungsfähigen Tropfen sicher selten schiefliegen.

PREISREGION: 7 bis 8 Euro

REBSORTEN: Chenin Blanc

TRINKTEMPERATUR: 8°

SCHMECKT ...: außer zu Desserts eigentlich zu allen Anlässen, zu denen man gerne einen harmonischen Weißwein trinken möchte – vom Aperitif bis zum Käse

GESEHEN BEI: K&U Weinhalle

DOMAINE BEL-AIR, LOIRE

WEIN: Bourgueil »Jour de Soif«
WEINART: trockener Rotwein
BIOKONTROLLE: Ecocert

Es ist mir seit vielen Jahren ein Rätsel, warum die guten Rotweine der Loire hierzulande so selten zu finden sind. In Frankreich selbst, aber insbesondere auch in England, werden die feinsten Gewächse aus Appellationen wie Chinon, Bourgueil oder Saumur-Champigny hoch geschätzt und insbesondere als Alternative zu so manchem Bordeaux gerne getrunken. Fast immer ist es die Cabernet-Franc-Rebe, die diese Weine hervorbringt. In Bordeaux oft im Schatten ihres »nobleren« Bruders Cabernet Sauvignon stehend, zeigt diese Sorte an der Loire, was man – bei entsprechender Behandlung – aus ihr keltern kann. Leider, so muss ich jedoch gleichfalls zugeben – und das ist wohl auch ein Grund für die mangelnde Popularität der Sorte bei uns –, gelingt dies aber auch dort nicht immer. Reift der Cabernet Franc wegen schlechter Lagen, mangelnder Rebpflege oder zu großen Erträgen nicht voll aus, so hat er oft ein unangenehm »grünes«, stark pflanzlich geprägtes Aroma. In den richtigen Händen zeigt diese Rebe hingegen oft großartiges Potenzial, sowohl für »noble« als auch für »bürgerliche« Gewächse. Die in Bourgueil gelegene Domaine du Bel-Air von Pierre Gaulthier beherrscht beide dieser Disziplinen meisterhaft. Neben dicht verwobenen, wunderbar würzigen und charaktervollen Spitzenweinen, die – bei kaum vergleichbarem Preisniveau – so manchen großen Bordeaux blass aussehen lassen könnten, gibt es gleichermaßen sorgfältig vinifizierte, fruchtige und dennoch niveauvolle »Basis-Rotweine«, die als tägliche Tischgetränke aus jedem Essen ein kleines ländliches Festmahl machen.

Verkostung: Feinwürziger Duft nach dunklen Himbeeren, Schwarzen Johannisbeeren, Pflaumen und Tomatenblättern. Leichtgewichtiger Fruchtkörper auf der Zunge, durchaus jedoch mit merklichem, feinem Gerbsäurerückgrat. Unkompliziert, anregend und lebhaft, im Nachhall mit dezenter Würze.

Urteil: Bekömmlicher, feinwürziger Tischwein zu fairem Preis.

Preisregion: 8 bis 9 Euro

Rebsorten: Cabernet Franc

Trinktemperatur: 14 – 15°, im Sommer gerne aber auch kühler

Schmeckt ...: zu einer deftigen Vesper mit Blutwurst und Schinken ebenso wie zur Wildpastete mit Preiselbeeren

Gesehen bei: K&U Weinhalle

DOMAINE DE LA MADONE, LOIRE

WEIN: Côtes du Forez »Mémoire de Madone Vielles Vignes«
WEINART: trockener Rotwein
BIOKONTROLLE: Ecocert

Das winzige Anbaugebiet Côtes du Forez liegt rund 80 Kilometer westlich von Lyon und gilt damit als die südlichste Appellation der Loire. Diese an den Ausläufern des Zentralmassivs nur rund 200 Hektar Rebfläche umfassende Weinregion wird offensichtlich selbst in Frankreich für so unbedeutend gehalten, dass sie auf den meisten Weinbaukarten nicht einmal eingetragen ist. Selbst auf der offiziellen Homepage der Loireweinerzeuger wird diese Appellation verschwiegen. Eigentlich brauchte man ja auch tatsächlich kein Aufheben deshalb zu machen, gäbe es da nicht einen jungen, unbeugsamen Ökowinzer, der sich mit großem Enthusiasmus gegen die allgemeine Missachtung seiner Heimat stemmt. 1997 erwarb Gilles Bonnefoy einige aufgegebene Rebflächen und brachte sie rasch wieder auf Vordermann. Neben dem hier als einzige Sorte für AOC-Weine zugelassenen Gamay (man beachte die Nähe zum Nachbarn Beaujolais) pflegt er an diesem Ort auch die von der nördlichen Rhône (die ja ebenfalls gleich um die Ecke liegt) her bekannte weiße Roussanne, aus der er jedoch »nur« einen »Vin de Pays d'Urfé« erzeugen darf. Auf seinen knapp 6,5 Hektar Rebfläche erzeugt Bonnefoy vier interessante Weine, denen gemein ist, dass sie alle mit ungemein präsenter Frucht, einer vom vulkanischen Boden herrührenden mineralischen Prägung und einem bemerkenswert moderaten Alkoholgehalt sehr viel Trinkfreude zu verlockenden Preisen bieten. Schon sein Einstiegswein, der frischfruchtige La Madone, könnte so manchem Beaujolais die Schau stehlen, während der Mémoire de Madone aus 60 Jahre alten Rebstöcken auch Burgunderfans Freude machen dürfte.

Verkostung: Frischer, ungemein einladender Duft nach Himbeeren, Roten Johannisbeeren und weißem Pfeffer. Lebhaftes Spiel am Gaumen und herrlich unbeschwert im Volumen. Dennoch mit fein mineralischem Rückgrat durchaus strukturiert im Aufbau und mit anregendem, frischem Säurespiel. Am Gaumen und im Nachhall bereichern forale Noten die pikante Frucht.

Urteil: Ein vielfältiger, charmanter und bekömmlicher Wein, der nicht nur zum *Verkosten*, sondern ganz besonders auch zum *Trinken* animiert.

Preisregion: 10 bis 11 Euro

Rebsorten: Gamay

Trinktemperatur: 14°

Schmeckt …: zum Grillhähnchen genauso gut wie zum Thunfischsteak

Gesehen bei: K&U Weinhalle

DOMAINE A. & M. TISSOT, JURA

WEIN: Arbois »Les Graviers«
WEINART: trockener Weißwein
BIOKONTROLLE: Ecocert

Ungeachtet der geographischen und geschichtlichen Nähe zu Burgund ist der Jura eines der eigentümlichsten Anbaugebiete Mitteleuropas und selbst für viele erfahrene Kenner ein weißer Fleck auf der Landkarte. Kuriose Rebsorten wie Trousseau, Savagnin oder Poulsard sowie eigenwillige Weinstile wie der nach Sherry-Art gereifte »Vin Jaune«, der aus getrockneten Trauben erzeugte »Vin de Paille« oder der »Macvin«, eine Mischung aus Most und Tresterbrand – das alles wirkt auf den ersten Blick oft ziemlich verwirrend und befremdlich. Ja selbst das, was man eigentlich zu kennen glaubt, zum Beispiel der Chardonnay, hat hier oft einen völlig anderen Charakter und Ausdruck. Doch gerade für jene Weinliebhaber, die sich in der immer weiter globalisierten und vereinheitlichten Weinwelt die Neugier und Offenheit für Unangepasstes und Ursprüngliches bewahrt haben, bietet diese anmutige Region im Franche-Comté einen großartigen, hierzulande noch weitgehend unentdeckten Schatz an denkwürdigen Weinerlebnissen. Deshalb bin ich sehr erfreut, dass man bei einigen wenigen mutigen Weinhändlern nun hin und wieder auch die Produkte des Demeter-Weinguts von Stéphane Tissot findet. Seine Weißweine zählen sicher zu den außergewöhnlichsten Gewächsen Frankreichs und verstören oft beim ersten Kontakt: Einerseits durch die fast »brutale« Mineralität im Geschmack, andererseits durch ein vom (in der Region traditionell üblichen) sehr langen Hefelager während des Ausbaus herrührendes, leicht oxidativ geprägtes Aroma, das in geradezu schizophrener Weise im Gegensatz zur kristallklaren inneren Frische dieser Weine zu stehen scheint.

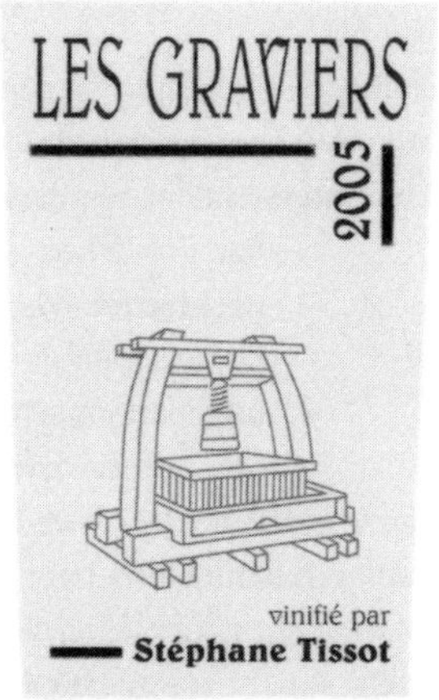

Verkostung: Gleichermaßen faszinierendes wie »verstörendes« Bukett nach überreifen gelben Birnen, Mirabellen, Anis, kandierter Quitte und feinwürzigen Holznoten. Auf der Zunge mit vibrierender Mineralität von der ersten Ansprache bis zum letzten Aufschimmern des sehr langen Nachhalls. Dazu ein markantes, kristallines Säurespiel, so präzise wie ein Laserschwert. Dennoch scheint die Textur seidig und hochfiligran um diesen Kern gemantelt. Cremige Vanillenoten halten sich im Aroma die Waage mit weißem Nougat und Akazienblüten. Ungemein fordernd, ungemein spannend.

Urteil: Ein deutscher Importeur schreibt: »Wem die Neugier in Sachen Wein abgeht, der sollte die Finger von diesen Weinen lassen.« Dem ist nichts hinzuzufügen.

Preisregion: 19 bis 21 Euro

Rebsorten: Chardonnay

Trinktemperatur: 9°

Schmeckt …: zu gratinierten Langostinos oder jungem Comté-Käse

Gesehen bei: K&U Weinhalle

Weitere Weine auch bei: Kreis

Domaine Jeandeau, Burgund

Burgund ist ein Anbaugebiet, in dem wie sonst nur an wenigen Orten der Welt großer Wert auf Herkunfts- und Lagentypizität gelegt wird. Die völlig unterschiedlichen Ausprägungen scheinbar ähnlicher, teilweise sogar benachbarter Weinberge haben diese Region weltberühmt gemacht. Die internationale Nachfrage nach großen Burgundern hat aber auch viele Jahrzehnte lang dazu geführt, dass hier Rebgärten teilweise schonungslos überdüngt und mit Unmengen an Pflanzenschutzmitteln »stabilisiert« wurden. Glücklicherweise setzte dann jedoch ein Umdenken ein – nicht zuletzt auch durch den alarmierenden Weckruf eines berühmten Bodenkundlers der Region, der meinte, dass die Biodiversität in manchen Weinbergen bereits auf das Niveau von Sahara-Sand abgesunken sei. Heutzutage sind die führenden Spitzenweingüter Burgunds wieder auf breiter Front, wenn nicht der ökologischen, so doch zumindest der naturnahen Erzeugung (»lutte raisonnée«) verpflichtet, und gerade unter den jungen Weinmachern hat sich eine überaus bemerkenswerte Bioweinszene entwickelt. Ein typisches Beispiel hierfür ist Denis Jeandeau, der nach Abschluss seiner Ausbildung im Jahr 2000 in das kleine Weingut seiner Familie in Fuissé im Süden von Burgund zurückgekehrt ist, den Betrieb auf die ökologische Wirtschaftsweise umgestellt hat und heute seine Weinberge sogar wieder mit dem Pferd anstelle des Traktors bearbeitet. Wie bei vielen seiner Kollegen in Burgund ist die Hauptzielrichtung dabei, den Weinen durch eine natürliche Balance des Rebbergs wieder mehr Lagentypizität, also »Terroir«-Charakter zukommen zu lassen.

Wein: Pouilly-Fuissé »Secret Mineral«
Weinart: trockener Weißwein
Biokontrolle: Ecocert

Verkostung: Klassisches Bukett nach gerösteten Nüssen, Honigmelone, gelben Äpfeln, gut eingebundener Vanillenote und feiner Mineralität. Angenehme Sortenfrucht am Gaumen, getragen von einem munteren Säurespiel. Guter, saftiger Ausdruck fein abgestimmter Balance und gut integrierter Holzwürze. Kalkige Mineralität im Nachhall.

Urteil: Sehr gut gemachter Pouilly Fuissé im »modernen« Stil, dabei das Holz aber klug integriert und keinesfalls aufdringlich: kurz, ein anspruchsvoller Burgunder.

Preisregion: 24 bis 26 Euro

Rebsorten: Chardonnay

Trinktemperatur: 9 – 10°

Schmeckt …: zu Fischgerichten der »Grande Cuisine«, z. B. Loup de Mer mit Beurre Blanc

Gesehen bei: Alnatura

Les Héritiers du Comte Lafon, Burgund

Wein: Mâcon – Milly »Lamartine«
Weinart: trockener Weißwein
Biokontrolle: –

Die berühmten Meursault-Weine von Dominique Lafon, einem seit langem überzeugten Biodynamiker, zu empfehlen wäre für dieses Buch nicht nur unangebracht, sondern fast sogar unethisch. Zum einen sind diese Burgunder, die zu den besten Weißweinen des Planeten gezählt werden, so rar, dass sie eh so gut wie nie für den »normalsterblichen« Weinfreund verfügbar sind, und zum anderen sind sie dann, wenn sie doch einmal auf den Markt kommen, ganz einfach unanständig teuer. Dass der Name dieses burgundischen Superstars dennoch in diesem Einkaufsführer auftaucht, hat aber folgenden Grund. Im September 1999 kaufte Dominique Lafon ein Weingut in Milly im Mâconnais, also in jener Region in Südburgund, die sich immer wieder durch Weine von bemerkenswertem Preis-Genuss-Verhältnis hervortut. Wie auch am Stammsitz in Meursault wurde hier sogleich damit begonnen, die Weinberge auf die biodynamische Bewirtschaftung (allerdings noch nicht zertifiziert) umzustellen. Nach Jahren des konventionellen Anbaus dauerte dieser Prozess eine Weile, aber spätestens seit dem großartigen Jahrgang 2005 trägt dieses Unterfangen sehr schmackhafte Früchte. Natürlich sind die Weine aus dem Mâconnais nicht mit den voluminösen Meursaults vergleichbar, aber sie sind nun Paradebeispiele für ungemein balancierte, frische und mineralische Chardonnays mit subtiler Rasse, hocheleganten Nachhall und nur sehr dezentem Holzeinsatz – also so ziemlich genau das Gegenteil vom globalisierten, vom Barrique deutlich geprägten »Schöne-Neue-Welt-Stil«. Bereits der schlichte Mâcon zeigt diese Marschrichtung an, und wer weiter auf diesem Weg gehen möchte, der sollte dann auch die komplexeren Lagenweine verkosten.

VERKOSTUNG: Klassischer Duft nach Kalkstein, Mirabellen und Nüssen, dazu ein Anflug von »Vanille-Kipferl«. Vibrierendes Spiel am Gaumen und mit mineralischer Säure durchwirkt. Vereint Rasse und feine Dichte. Präziser, deutlich vom Terroir geprägter Nachhall.

URTEIL: Weniger für »Körpertrinker«, eher für Chardonnay-Ästheten zu empfehlen – nichts ist »laut« an diesem Wein, und trotzdem ist alles da.

PREISREGION: 17 bis 19 Euro

REBSORTEN: Chardonnay

TRINKTEMPERATUR: 8–9°

SCHMECKT ...: zu Steinbutt oder Seezunge in möglichst einfachen, unverfälschten Zubereitungen

GESEHEN BEI: Bremer Weinkolleg, FUB

Domaine G. & J-H. Goisot, Burgund

Das hierzulande fast unbekannte Weinbaugebiet an der Yonne südwestlich von Chablis wurde früher gelegentlich auch als »Niederburgund« bezeichnet. Selbst für erfahrene Burgunder-Kenner hält diese Region so manche hierzulande noch kaum bekannte Überraschung bereit. Einige dieser Entdeckungen kann man sehr schön im Weingut von Ghislaine und Jean-Hugues Goisot machen, das ich seit Jahren als einen großen Geheimtipp empfehle. So ist dies die einzige Region in Burgund, wo neben den üblichen Reben Pinot Noir, Chardonnay und Aligoté auch die rare Rotweinsorte César und der weiße Sauvignon Blanc angebaut werden darf. Als Alternative zu Letzterem haben die Goisots darüber hinaus auch einen kleinen Weinberg mit der fast ausgestorbenen Variante des Sauvignon rosé im Anbau, aus der sie den überaus probierenswerten *Saint-Bris Corps de Garde* erzeugen: ein geradezu barockes Weinerlebnis mit Aromen nach Blüten, Litschis und Aprikosen. Die Chardonnays dieser biodynamisch geführten Domaine hingegen sind delikate Bindeglieder zwischen der Frische und Mineralität des Chablis und der Geschmeidigkeit der Côte d'Or. Die größte Überraschung ô aber sein, dass man in dieser doch recht weit nördlich gelegenen Region Burgunds solch feinfruchtige und subtil ausgewogene Rotweine finden kann. Ein Grund für die außergewöhnliche Qualität dieser Gewächse mag darin liegen, dass Goisot eine sehr hohe Stockdichte von 10.000 Pflanzen pro Hektar in seinen Rebgärten angelegt hat (eine Zahl, die man sonst nur noch vereinzelt in den ältesten Grand-Cru-Weinbergen der Côte d'Or findet), was wiederum zu sehr niedrigen Erträgen pro Rebstock führt.

Wein: Bourgogne Côtes d'Auxerre
Weinart: trockener Rotwein
Biokontrolle: Ecocert

Verkostung: Jugendlich-frischer Duft nach Waldhimbeeren, Süßkirschen und Blüten. Lebhaft, schlank und frisch am Gaumen. Ein animierendes, lebendiges Säurespiel sorgt für feine Rasse. Der charmanten Frucht reicht ein kaum merkliches Tanningerüst als Struktur. Klarer, feinfruchtiger und belebender Nachhall.

Urteil: Leicht, frisch und charmant – ein perfekter, stilvoller Rotwein fürs sommerliche Picknick.

Preisregion: 9 bis 11 Euro
Rebsorten: Pinot Noir, César
Trinktemperatur: 14–15°
Schmeckt ...: zu Putenrollbraten vom Grill oder milden Frischkäsen
Gesehen bei: Kreis

Domaine Rossignol-Trapet, Burgund

Wein: Gevrey-Chambertin
Weinart: trockener Rotwein
Biokontrolle: Ecocert

Obwohl beide Teile des Doppelnamens zu den großen, alten Traditionsbegriffen Burgunds gehören, ist die Domaine Rossignol-Trapet erst zu Beginn der neunziger Jahre aus einer Erbteilung entstanden und zählt damit trotz jahrhundertealter Wurzeln noch zu den »Newcomern« in dieser Region. Doch innerhalb kürzester Zeit hat es das von Jacques Rossignol aufgebaute und heute von seinen Söhnen David und Nicolas geleitete Weingut geschafft, auch zu den renommiertesten Betrieben des Anbaugebiets gezählt zu werden. Bereits wenige Jahre nach der Übernahme der Domaine mit heute rund 14 Hektar Rebgärten rund um Beaune und Gevery-Chambertin durch die beiden fleißigen Brüder leitete man 1998 die Umstellung auf die biodynamische Wirtschaftsweise ein und produziert seit 2004 ausschließlich nach diesen Methoden. Es war zu Beginn des neuen Jahrtausends überaus interessant zu sehen, wie mit jedem neuen Jahrgang nicht nur dieser Umstellungsprozess voranschritt, sondern sich auch die Weine in gleichem Tempo immer weiter verfeinerten. Es war ganz offensichtlich, dass die Biodynamie bedeutend dazu beitrug, das immense Potenzial der Weinberge, darunter uralte, zu Beginn des 20. Jahrhunderts mit für heutige Verhältnisse extrem hoher Stockdichte gepflanzte Parzellen, geradezu neu erweckt hatte. Die Gewächse der Rossignols, fast ausschließlich Rotweine, werden heute vor allem wegen ihrer zartgliedrigen Finesse geschätzt. Im Chor der großen Burgunderweine sind sie eher auf die leisen, aber umso subtileren Nuancen gestimmt.

Verkostung: Vielschichtiger, nuancenreicher und überaus feiner Duft nach Waldbeeren, Lakritz und einer Spur Unterholz. Balancierter Körper mit transparenter Frucht und feinwürzige, gut integrierte Tannine. Feines Säurespiel und keinesfalls zu schwer. Ein eher »femininer« Gevery-Chambertin mit dennoch typisch würzigem Kern. Pflaumen und Johannisbeernoten im mineralisch geprägten Nachhall.

Urteil: Finesse trifft Würze – Paradeeigenschaften von Gevrey-Chambertin.

Preisregion: 24 bis 26 Euro
Rebsorten: Pinot Noir
Trinktemperatur: 16°
Schmeckt …: zu gebratenen Wachteln oder nicht zu reifem Brie de Meaux
Gesehen bei: Pinard de Picard
Weitere Weine auch bei: K&U Weinhalle

Domaine de Villaine, Burgund

Ich habe lange mit mir gerungen, ob ich diese Empfehlung in das Buch aufnehmen soll, denn manche Geheimtipps behält man doch am liebsten für sich – insbesondere dann, wenn die verfügbaren Mengen sehr knapp sind. Andererseits ist es aber natürlich auch schön, die Freude über einen guten Wein mit Gleichgesinnten zu teilen. Deshalb hier nun einige Worte über das wunderbare, hierzulande aber erstaunlicherweise kaum bekannte Weingut von Aubert und Pamela de Villaine. Diese Familie ist Mitbesitzer der legendären Domaine Romanée-Conti, die einige der seltensten und teuersten Kultweine der Welt erzeugt. Neben diesem weltberühmten Weingut in Vosne-Romanée betreiben die de Villaines aber auch noch ein weitaus weniger exklusives kleines Gut am Familiensitz in Bouzeron an der Côte Chalonnaise, also im südlichen Burgund. Ebenso wie auf der Domaine Romanée-Conti wird hier seit Jahren die biodynamische Wirtschaftsweise als ein Schlüssel zu überragender Weinqualität genutzt. Der wichtigste Wein ist der Aligoté, für den Bouzeron einen besonderen Ruf genießt. Ganz besonders begehrt sind jedoch die weiteren Weine wie der köstliche weiße Rully, aber auch die unter der Appellation Bourgogne-Côte Chalonnaise erzeugten Chardonnays und Pinot Noirs sind herausragend. Bereits der einfachste Rotwein, *La Fortune*, zeigt eine Präsenz und Finesse, wie man sie an der Côte d'Or, dem Herzstück Burgunds, nur für weitaus mehr Geld findet. Nur ein paar Hundert Flaschen kommen davon pro Jahr nach Deutschland, und diese seien hiermit – in der Hoffnung, dass mir dennoch mein jährliches Kistchen übrig bleibt – allen Burgunderfreunden wärmstens empfohlen!

Wein: Bourgogne – Côte Chalonnaise »La Fortune«
Weinart: trockener Rotwein
Biokontrolle: Qualité France

Verkostung: Herrlich klare Pinot-Frucht im Duft nach roten Beeren, Pflaumen und Herzkirschen, fein mit mineralischen und floralen Noten unterlegt. Frischer Fruchtausdruck auch am Gaumen, mittelgewichtige Balance und fein ausgewogenes, aber lebhaftes und erfrischendes Säurespiel. Sehr gute Aromapräsenz auf der Zunge und im Nachhall. Zugänglich und niveauvoll zugleich.

Urteil: Wunderbar frischer, ausdrucksvoller und feinfruchtiger Burgunder mit tollem Preis-Genuss-Verhältnis.

Preisregion: 15 bis 17 Euro

Rebsorten: Pinot Noir

Trinktemperatur: 16°

Schmeckt …: köstlich zu Kalbsgeschnetzeltem mit Champignons

Gesehen bei: FUB

DOMAINE MARCEL LAPIERRE, BEAUJOLAIS

WEIN: Morgon (Abfüllung ohne Schwefelzusatz)
WEINART: trockener Rotwein
BIOKONTROLLE: Ecocert

Ich bin kein großer Freund von den Versuchen, Rotweine völlig ohne Schwefelzugaben zu erzeugen. Ganz im Gegenteil, bei der Angabe »ohne Schwefelzusatz« klingeln bei mir die Alarmglocken. Einerseits weil solche Weine meist mehr oder weniger deutliche sensorische Mängel aufweisen, andererseits weil sie aufgrund unberechenbarer Lagerfähigkeit wahre »Zeitbomben« sein können. Dennoch muss ich mit großem Respekt anerkennen, dass es Marcel Lapierre seit vielen Jahren gelingt, diese Bedenken zu zerstreuen. Sein *Morgon,* eine der zehn Cru-Appellationen des Beaujolais, gilt seit langem als einer der besten und charaktervollsten Weine dieses Anbaugebiets und kann bei entsprechenden Bedingungen im Keller durchaus einige Jahre reifen – und das völlig ohne Schwefelzusatz. Lapierre ist hierbei ein überzeugter Anhänger des legendären Jules Chauvet, der als ein Urvater des natürlichen Weinbaus in Frankreich gilt und schon in den sechziger Jahren vor den Folgen des übermäßigen Gebrauchs von Pestiziden und Kunstdünger gewarnt hatte. Als forschender Weinchemiker entwickelte Chauvet auch eine Weinbereitungsmethode, bei der die während der Gärung durch die Hefetätigkeit natürlich entstehende Schwefelmenge als Oxidationsschutz des Weins ausreichen soll. Lapierre füllt heute rund ein Drittel seiner Weine nach dieser Methode ab, verweist jedoch darauf, dass diese Flaschen behutsam transportiert werden sollen und nicht über 14° Grad gelagert werden dürfen. Für Weinliebhaber, für die diese Bedingungen (z. B. weil sie keinen geeigneten Keller haben) nicht gegeben sind, wird der Rest seiner Produktion mit einer leichten Schwefelzugabe versehen.

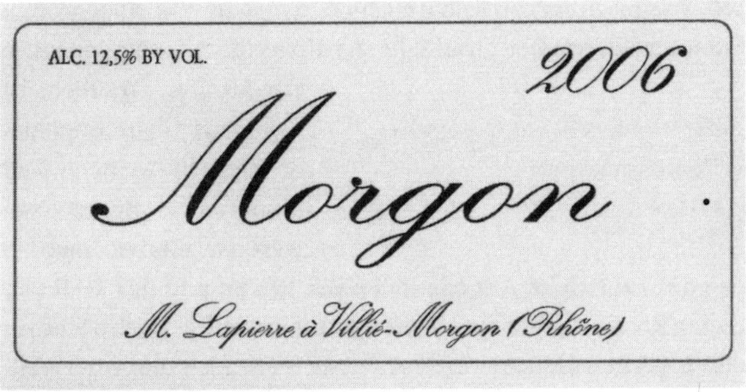

Verkostung: Ein für Beaujolais überraschend (aber für Morgon typischer!) maskuliner, tiefer und würziger Duft nach dunklen Pflaumen, Brombeeren und Unterholz. Saftig und vollfruchtig am Gaumen, dennoch nicht schwer, sondern immer noch mit dem Charme eines guten Beaujolais. Der ausgewogene, runde Fruchtkörper ist in ein seidiges Kleid gehüllt. Mit Aromen von dunklen Beeren und herbstlichem Waldboden auch im Nachhall bemerkenswert tief und charaktervoll.

Urteil: Ein außergewöhnlicher Beaujolais-Cru, der mit seiner besonderen Tiefe und seinem Charakter dem nördlichen Nachbarn Burgund schon sehr nahe kommt.

Preisregion: 15 bis 17 Euro

Rebsorten: Gamay

Trinktemperatur: 15°

Schmeckt …: an Feiertagen zur getrüffelten Bresse-Poularde – wenn es nichts zu feiern gibt, tut's aber auch ein Hackbraten mit Pilzsauce

Gesehen bei: Kreis

M. Chapoutier, Rhône

Mit dem Ertrag der 240 Hektar umfassenden, ökologisch bzw. biodynamisch zertifizierten eigenen Rebfläche und einer großen Menge weiterer, bei gleichfalls zertifizierten Öko-Weinbauern zugekauften Trauben ist das Haus Chapoutier der größte Bioweinerzeuger Frankreichs. Bemerkenswert ist hierbei, dass in den auf zahlreiche Appellationen der Rhône und des Midi verteilten Rebgärten gleichermaßen seriös gemachte Tischweine für den täglichen Genuss erzeugt werden, als auch absolute Weltklassegewächse. So gilt der stets empfehlenswerte *Belleruche* als einer der zuverlässigsten »kleinen« Rotweine der Rhône, während die extrem raren »Sélections Parcellaires«, allen voran die beiden Hermitage-Gewächse *Le Méal* und *Le Pavillon*, zu den gesuchten Kultweinen Frankreichs zählen. Darüber hinaus betreibt Chapoutier mittlerweile auch in Australien ein sehr erfolgreiches Bioweingut, dessen probierenswerte Gewächse hin und wieder auch bei uns in den Biomärkten zu finden sind. Bemerkenswert ist weiterhin, dass dieses Weingut als Erstes die Weinbezeichnungen auch in der Blindenschrift »Braille« auf dem Etikett angebracht hat. Dies ist nicht nur als hilfreiche Erleichterung für Sehbehinderte gedacht, sondern hat darüber hinaus einen historischen Bezug: Einer der besten Weinberge des Unternehmens, aus dem der *Hermitage Monier de la Sizeranne* stammt, gehörte früher zur Familie von Maurice de la Sizeranne, der sich gegen Ende des 19. Jahrhunderts maßgeblich um die Vereinfachung und Verbreitung der Blindenschrift verdient gemacht hat.

Wein: Crozes-Hermitage »Les Incontournables«
Weinart: trockener Rotwein
Biokontrolle: Ecocert

Verkostung: Tiefer, dichter Duft nach Zwetschgenmus, Cassislikör, Schwarzkirschen, Bitterschokolade und schwarzen Oliven. Saftiges, reiches Fruchtvolumen am Gaumen und »gezähmte«, zugängliche Struktur. Alle Komponenten sind auffallend dicht und seidig verwoben, der stattliche Körper wird von einer reifen und milden Säure belebt. Sehr markant und vielschichtig im Nachhall nach Wildkräutern, Mokka und dunklen Waldbeeren.

Urteil: Ein Musterbeispiel für die klassische Sortenfrucht des Syrah an der nördlichen Rhône, jedoch deutlich zugänglicher als der große Bruder Hermitage.

Preisregion: 14 bis 16 Euro

Rebsorten: Syrah

Trinktemperatur: 17°

Schmeckt …: zu scharf gewürzten, mediterranen Fleischgerichten. Die milde Saftigkeit dieses Syrahs kühlt wunderbar die Pfefferschärfe ab!

Gesehen bei: Basic

Weitere Weine auch bei: Kaufhof, FUB, Delinat

CHÂTEAU BEAUCASTEL, RHÔNE

WEIN: Côtes du Rhône »Coudoulet de Beaucastel«
WEINART: trockener Rotwein
BIOKONTROLLE: Ecocert

Hinter dem Namen Château Beaucastel steht eine Weinlegende, auf die die Connaisseurs rund um den Globus mit allergrößtem Respekt blicken. Die hier unter der Appellation Châteauneuf-du-Pape erzeugten Gewächse werden zu den feinsten Rotweinen Frankreichs gezählt, und die extrem rare, extrem teure Abfüllung *Hommages à Jacques Perrin* ist ein weltweit begehrter Kultwein. Doch auch wer sich den Luxus dieser Weine nicht leisten kann, der wird bei Beaucastel fündig, gilt der hier ebenfalls erzeugte *Coudoulet de Beaucastel* doch als ein wahrhaft großer Wein zu vergleichsweise »kleinem« Preis. Anders als oft vermutet ist dies keinesfalls der »Zweitwein« von Château Beaucastel, sondern stammt von einem weiteren, ebenfalls zu Beaucastel gehörenden Landgut. Dieses liegt unweit des Stammhauses und dessen Weinbergen, lediglich durch die Autoroute du Soleil getrennt, aber dennoch bereits außerhalb der Appellationsgrenzen von Châteauneuf-du-Pape und erzeugt deshalb »nur« einen Côtes du Rhône. Dieser stellt jedoch mit seiner saftigen Tiefe, dem mineralischen Gerüst und dem reichen Aromenspektrum viele Weine der berühmteren Appellationen locker in den Schatten und ist angesichts des im Vergleich zur Qualität moderaten Preises geradezu ein »Schnäppchen«. Bereits seit 1964 wird auf Château Beaucastel auf den Einsatz von Kunstdünger, Herbiziden und Insektiziden verzichtet. Das große Aushängeschild der südlichen Rhône ist also auch in ökologischer Hinsicht seit jeher eine Zierde des Anbaugebiets.

Verkostung: Weit gefächertes Bukett nach Brombeeren, Schwarzkirschen und Cassis, dazu Noten von Wildkräutern, Leder und Rauchfleisch. Reicher Fruchtkörper am Gaumen mit saftigen Beerenfrüchten und schwarzen Oliven im Aroma. Würzige, aber dennoch durchaus noble Struktur. Trotz der südlichen Kraft nicht ohne Finesse. Ausgereifte Persönlichkeit.

Urteil: Ein Klassiker zu fairem Preis – seit Jahren einer meiner Lieblingsweine der Rhône.

Preisregion: 16 bis 18 Euro

Rebsorten: Grenache, Mourvèdre, Syrah, Cinsault

Trinktemperatur: 17°

Schmeckt …: zum Ochsenkotelett vom Grill

Gesehen bei: Pinard de Picard, Mövenpick, FUB

Weitere Weine auch bei: Wein & Glas

MONTIRIUS, RHÔNE

WEIN: Vacqueyras »Montirius«
WEINART: trockener Rotwein
BIOKONTROLLE: Ecocert

Die rund um die Gemeinden Vacqueyras und Sarrians am Fuße der Gebirgskette Dentelles de Montmirail gelegenen Weinberge erhielten 1990 als 13. Region der Côtes du Rhône den Status einer eigenen, kommunalen Cru-Appellation. Vacqueyras zählt somit zu den jüngeren Herkunftsbezeichnungen des Anbaugebiets. Die hier gewachsenen Weine, fast ausschließlich wuchtige Rotweine, ähneln in mancher Hinsicht denen des unweit entfernt gelegenen Châteauneuf-du-Pape, auch wenn sie meist nicht deren Vielschichtigkeit und Tiefe erreichen – doch dafür sind sie eben auch oft deutlich günstiger zu haben. Seit vielen Jahren ist hier das Weingut Montirius der Familie Saurel ein Aushängeschild der Appellation. Bereits ab 1980 stoppte der damalige Chef, Max Saurel, die Verwendung von Kunstdünger und synthetischen Spritzmitteln im Weinberg. Als die nächste Generation, Christine und Eric Saurel, dann 1986 den mit rund 54 Hektar Rebfläche durchaus stattlichen Betrieb übernahm, führte sie den eingeschlagenen Weg langsam, aber stetig fort, so dass 1996 die Zertifizierung als ökologischer Erzeuger und mit dem Jahrgang 1999 darüber hinaus die Ernte der ersten biologisch-dynamisch erzeugten Trauben erfolgen konnte. Der *Montirius Vacqueyras* stammt von sehr alten Reben (im Durchschnitt rund 50 Jahre), einzelne Parzellen wurden sogar bereits 1925 angelegt. Er zeigt einerseits die für die Appellation so typische rustikale Würze, birgt dahinter jedoch eine hier nicht allzu oft anzutreffende Tiefe und vielschichtige Mineralität.

VERKOSTUNG: Fülliger Duft nach Waldbeerkompott, Zwetschgenmus, Cassis und Bitterschokolade. Feurige Ansprache auf der Zunge und mit reichem Fruchtkörper am Gaumen. Dennoch erstaunlich transparent im geschmacklichen Aufbau und keinesfalls erdrückend. Das gut integrierte Tannin bildet eine würzige Komponente zur Balance der dichten Frucht. Pikanter Nachhall mit südlicher »Wärme« und Aromen nach eingelegten Kirschen.

URTEIL: Vereint ländliche Würze und Kraft mit klarem, niveauvollem Aufbau.

PREISREGION: 10 bis 13 Euro

REBSORTEN: Grenache, Syrah

TRINKTEMPERATUR: 18°

SCHMECKT ...: besonders lecker zu Wildschweinsalami und Bauernbrot!

GESEHEN BEI: K&U Weinhalle, Delinat

DOMAINE DES PERRIÈRES, RHÔNE

WEIN: Vin de Pays des Coteaux Flaviens »Ansata«
WEINART: trockener Rotwein
BIOKONTROLLE: Ecocert

Im Jahr 1999 erfüllte sich Marc Kreydenweiss, einer der besten und sympathischsten Winzer des Elsass (siehe auch Seite 70), einen lang gehegten Traum. Er erwarb ein altes Weingut, die Domaine des Perrières im südlichen Rhônetal, um dort jene Gewächse zu keltern, die im heimatlichen Andlau nicht möglich waren: saftige Rotweine von mediterraner Kraft und Würze. Sogleich wurde auch in diesem bei Manduel, rund zehn Kilometer südöstlich von Nîmes gelegenen Weingut mit der Umstellung der teilweise bis zu hundert Jahre alten Rebgärten auf die biodynamische Wirtschaftsweise begonnen, mit der Kreydenweiss an seinem Stammsitz im Elsass so großartige Weine hervorbringt. Mit dem Jahrgang 2001 wurde dann erstmals die neu kreierte Spitzencuvée der südfranzösischen Dependance vorgestellt. Dieser Ansata genannte Wein schlug in der Fachwelt ein wie eine Bombe: »Woher nimmt ein Weinmacher aus dem ›kühlen Norden‹ ein solches Fingerspitzengefühl bei der Interpretation des südlichen Terroirs?‹ fragte sich so mancher Verkoster dieses Erstlingswerks. Und die Verblüffung war vollends geglückt, als man noch den angesichts der Qualität sehr moderaten Preis mit in die Beurteilung einbezog. Der eigenwillige Name dieses mit großem Understatement als »Vin de pays« abgefüllten Weins geht auf das koptische Ansatakreuz (auch Anch genannt) zurück, das als Symbol für Leben, Liebe und Fruchtbarkeit steht, aber auch als Zeichen für das Weiterleben im Jenseits oft auf die Brust altägyptischer Mumien gelegt wurde.

Verkostung: Reicher, aber keinesfalls überladener Duft nach Brombeeren, Heidelbeeren, Zwetschgen und einer frischen pflanzlichen Note wie nach Piniennadeln. Elegante, seidige Ansprache mit reifem, unaufdringlichem und wunderbar abgerundetem Tannin. Ausdrucksvolle Frucht am Gaumen, jedoch mit gemäßigtem Körper. Mit angenehmer, fast »kühler« Frische und feinem Säurespiel durchzogen. Köstlicher Nachhall nach Beerenkompott, dazu Noten von Leder und schwarzem Pfeffer.

Urteil: Klug und feinfühlig gezähmte südliche Rasse. Besonders bemerkenswert: anders als viele andere Weine dieser Region trotz des saftigen Ausdrucks nur mit vergleichsweise moderatem Alkoholgehalt (12,5 %) ausgestattet.

Preisregion: 13 bis 15 Euro
Rebsorten: Syrah, Merlot, Grenache
Trinktemperatur: 17°
Schmeckt …: zum würzigen italienischen Schweinerollbraten »Porchetta«
Gesehen bei: Pinard de Picard
Weitere Weine auch bei: K&U Weinhalle, Kreis

Mas de Libian, Rhône

Weɪn: Côtes du Rhône »Bout d'Zan«
Weinart: trockener Rotwein
Biokontrolle: ULASE (Umstellung bis 2006)

Die Ardèche fließt von ihrem Ursprung im Zentralmassiv bis zur Mündung in die Rhône durch eine der reizvollsten Landschaften Frankreichs, in der sich im Sommer auch zahlreiche deutsche Touristen an den dramatischen Schluchten und romantischen Hochplateaus erfreuen. Viele davon werden auch schon Gefallen an den dortigen Weinen gefunden haben, die als ordentliche, frische und günstige »Vins de Pays des Coteaux de l'Ardèche« zur Urlaubslaune beitragen. Weniger bekannt ist hingegen, dass vier Gemeinden am Südostzipfel des Départements Ardèche das Recht haben, auch die Appellation Côtes du Rhône zu nutzen. Hier wachsen Weine, die zwar die für die Ardèche typische zugängliche Art und unkomplizierte Frucht aufweisen, aber über deutlich mehr Tiefe und Charakter verfügen als die sonst üblichen Landweine dieser Region. Die Domaine Mas de Libian von Hélène Thibon ist hier ein sehr guter Tipp. Ihre Familie betreibt schon seit dem 17. Jahrhundert Weinbau, das heutige Weingut wurde jedoch erst 1970 von ihrem Vater Jean-Pierre und dessen Freund Jean-Pierre de Monmollin gebaut (und trägt deshalb auch den Namen »Cave des deux Jean-Pierre«. Man hoffte auf einen Sohn, der diesen Namen erben könnte, aber Jean-Pierre Thibon wurden drei Töchter geschenkt!). Seit 1995 führt Hélène mit ihrem Mann sowie mit Unterstützung des Vaters und ihrer Schwester den Betrieb, dessen Böden noch nie mit Pestiziden oder Kunstdünger in Berührung kamen. Um diese Ressource auch weiterhin zu erhalten und zu stärken, wurde mit der Umstellung auf Biodynamie begonnen und ein Comtois-Zugpferd zum Pflügen der Weinberge angeschafft.

Verkostung: Angenehmer Duft nach Cassislikör, Veilchen und schwarzem Pfeffer. Feinwürzig und mit gutem Fruchtvolumen am Gaumen, aber nicht zu schwer. Das saftige Aroma nach Brombeerkompott wird im Nachhall mit feinen Gewürznoten bereichert. Die herzhafte Tanninstruktur sorgt für eine ehrliche, nicht unangenehme »ländliche« Art.

Urteil: Viel Wein fürs Geld, würzt das tägliche Abendbrot mit südfranzösischem Flair.

Preisregion: 7 bis 8 Euro

Rebsorten: Grenache, Syrah

Trinktemperatur: 16°

Schmeckt …: als Begleiter zu vielen deftigen, kräftig gewürzten Speisen: Der Wein macht eine grobe Bauernbratwurst zu einem frugalen Schmaus!

Gesehen bei: Kreis

La Gramière, Rhône

Seiteneinsteiger in den Weinbau wie Amy Lillard und ihr Mann Matt Kling werden gerade in den traditionellen Anbauländern gerne etwas abschätzig von den angestammten Winzern belächelt. Was soll man schon auch davon halten, wenn zwei Yuppies aus Amerika in einer weinbaulich nicht sonderlich interessanten Region Südfrankreichs ein kleines Weingut eröffnen? – Sehr viel, wenn man erst einmal deren erste Weine verkostet hat! Mit ihrem Weingut La Gramière erfüllten sich die beiden Amerikaner einen Lebenstraum. Amy Lillard, die auch bereits Weinbauerfahrungen in Burgund gesammelt hat, arbeitete als Einkäuferin für einen bedeutenden Weinimporteur in Berkeley, während Matt Kling als Programmierer bei Cisco Systems tätig ist. 2005 kauften sie einen nur 4,5 Hektar großen Rebberg bei Castillon du Gard, auf halbem Weg zwischen Orange und Nîmes gelegen. Bereits die im selben Jahr nach ökologischen Prinzipien eingebrachte Erstlingsernte war ein großer Erfolg, und der nachfolgende 2006er führte dann wohl jegliches Belächeln der Aussteiger endgültig ad absurdum. Ein solch saftiger, würziger und fruchtiger Rotwein würde auch so manchem arrivierten Winzer der Côtes du Rhône sehr zur Ehre gereichen. Offensichtlich gefällt das in dieser Region aber nicht jedem. Dieser wirklich tolle Wein wurde nämlich von der (natürlich aus arrivierten Winzern der Gegend bestehenden) Prüfungskommission als »fehlerhaft« abgelehnt, wodurch *La Gramière* die Appellation Côtes du Rhône verwehrt bleibt. Statt sich mit dem »Establishment« herumzuärgern, entschloss sich das Winzerpaar deshalb kurzerhand dazu, ihren Wein künftig schlicht als »Vin de Table« abzufüllen.

Wein: Vin de Table »La Gramière«
Weinart: trockener Rotwein
Biokontrolle: Ecocert (Umstellung seit 2008)

Verkostung: Würziger, tiefer Duft nach Brombeergelee, Cassis, Jod, schwarzem Pfeffer und Wacholderbeeren. Herbwürziger Charakter am Gaumen mit Aromen von Dörrpflaumen und Gewürznelken. Herzhafte, aber nicht unangenehme Gerbsäurestruktur. Bemerkenswert eigenständige Präsenz und Authentizität. Warmer Nachhall mit feiner Würze.

Urteil: Einen selbstbewussten Rotwein mit solch bemerkenswert eigenständigem Charakter würde man hier eigentlich nicht erwarten. Wenn es hier etwas zu belächeln gibt, dann die Einstufung als »Tafelwein«.

Preisregion: 8 bis 10 Euro
Rebsorten: Syrah, Grenache, Mourvèdre
Trinktemperatur: 17°
Schmeckt …: sensationell zu Gyros!
Gesehen bei: K&U Weinhalle

DOMAINE DE CASCAVEL, RHÔNE

WEIN: Côtes du Ventoux »Les Amidyves«
WEINART: trockener Rotwein
BIOKONTROLLE: ULASE

Sportfans denken beim Mont Ventoux wahrscheinlich zunächst an einen der berühmten Etappen-Klassiker der Tour de France. Für Weinliebhaber hingegen ist dieser markante, von der UNESCO als Biosphärenreservat geschützte Berg zwischen dem südlichen Rhônetal und der Provence vor allem Mittelpunkt der in den letzten Jahren immer interessanter gewordenen Weinregion Coteaux du Ventoux. Es ist noch nicht lange her, da galt diese von einigen großen Genossenschaften dominierte Appellation als beliebte Quelle für charmante und fruchtige, aber letztlich nicht wirklich aufregende Weine zu sehr verlockenden Preisen. An Letzterem hat sich kaum etwas geändert: Noch immer kann man hier wirklich günstige Entdeckungen machen. Aber in Bezug auf Qualität und Weinstil haben nun einige Erzeuger einen großen Sprung nach vorne gemacht. Die ökologisch geführte Domaine de Cascavel von Olivier Baguet und Raphael Truiller ist hierbei ein Paradebeispiel. Die beiden Jungwinzer starteten erst mit dem Jahrgang 2000 ihr eigenes, rund zehn Hektar großes Weingut, werden aber mittlerweile sogar schon von Weinpapst Robert Parker begeistert gefeiert. Das besondere Merkmal an ihren Weine ist vor allem ihre geradezu »kühle« Frische und der hochkomplexe Aufbau – beides Eigenschaften, die man auf diesem Breitengrad so nicht auf Anhieb vermuten würde, die aber von den 14 verschiedenen, auf unterschiedlichen Höhenlagen an den Hängen des Mont Ventoux verteilten Rebparzellen des Weinguts zurückzuführen sein sollen.

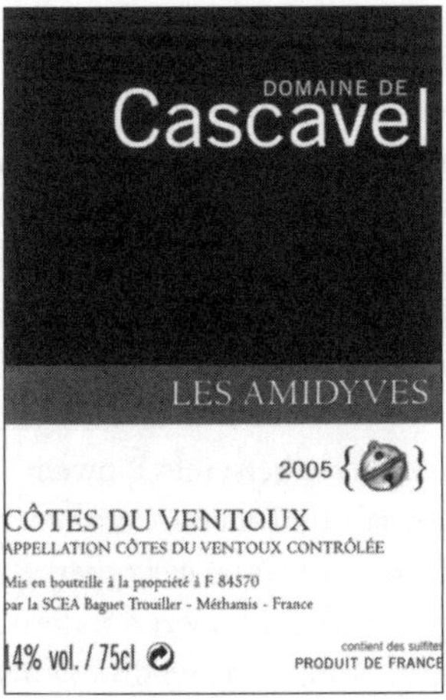

Verkostung: Ausgesprochen komplexes, weit aufgefächertes Bukett mit deutlich mineralischem Unterbau und Aromen nach Schwarzkirschen, Waldbeeren, schwarzem Pfeffer und einer dezenten Kräuternote. Herrlich feinkörnige, präzise Struktur und belebende Frische trotz der dichten Fülle. Das feine Säurespiel tut ein Übriges, dass die immerhin 14 Prozent Alkohol dieses Weins kaum spürbar sind. Fester Charakter auch im Nachhall.

Urteil: In jeder Hinsicht bemerkenswert: Charakter, Frische, Vielschichtigkeit – und nicht zuletzt der angesichts der Qualität überaus verlockende Preis.

Preisregion: 11 bis 12 Euro

Rebsorten: Grenache, Syrah

Trinktemperatur: 17°

Schmeckt …: zur Wildente mit Rotkraut

Gesehen bei: Pinard de Picard

Château Duvivier, Provence

Die jüngere Geschichte von Château 7 dürfte ein in der europäischen Weinlandschaft wohl einzigartiges Projekt darstellen. Im Jahr 1990 bot der Schweizer Ökoweinversender Delinat seinen Kunden die Teilhabe an einer Aktiengesellschaft an, deren Zweck der Wiederaufbau eines verfallenen Landguts bei Pontevès in der Provence und das Betreiben eines Bioweinguts an diesem Ort war. Aus dem einstmals heruntergekommenen Gehöft ist mittlerweile ein schmuckes Anwesen geworden, das nicht nur anerkannt hochwertige Weine produziert, sondern auch von den Aktionären als Urlaubsdomizil im wildromantischen Hinterland der Côte d'Azur genutzt werden kann. Zum Idealismus und Enthusiasmus des Weinhändlers und seiner Kunden kam ab 1998 dann das Know-how des Basler Önologen Antoine Kaufmann, der seither die Verantwortung im Weingut trägt und der sich alsbald für seine feinfühlig komponierten Rotweincuvées und den charaktervollen Rosé einen exzellenten Ruf in der Region erarbeiten konnte. Doch nicht nur aufgrund seiner bemerkenswerten Weine gilt Château Duvivier heute als ein Musterbetrieb. Es ist gleichsam vorbildlich, wie engagiert man hier seit Anfang der neunziger Jahre an selbst finanzierten Forschungsprojekten zur Fortentwicklung der ökologischen Rebkultur arbeitet. Übrigens: Wer Gefallen an den Weinen von Château Duvivier gefunden hat, der kann auch heute noch dem Kreis der Aktionäre beitreten und damit Mitinhaber eines tollen Weinguts in der Provence werden.

WEIN: Vin de Pays du Var rosé »Cuvée des Amis«
WEINART: trockener Roséwein
BIOKONTROLLE: Ecocert/bio.inspecta

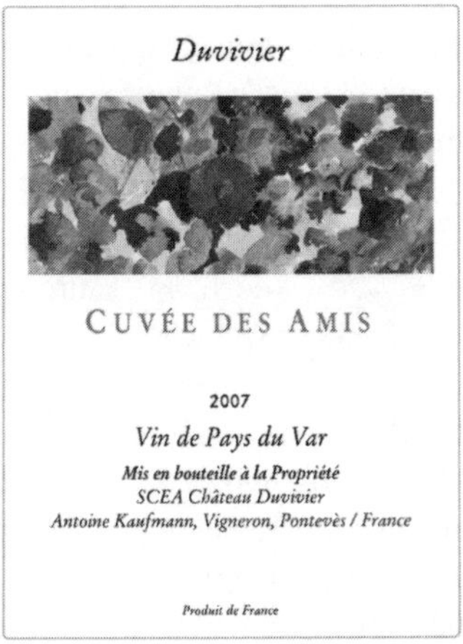

Verkostung: Der Duft ist von Roten Johannisbeeren, Hagebutten und Heckenrosen geprägt und verfügt über guten Ausdruck. Gleichfalls ausdrucksvoll, aber nicht vordergründig, ist das charaktervolle Beerenaroma am Gaumen. Durchaus mit dichtem Fruchtkörper und ausreichend Gewicht ausgestattet, dennoch harmonisch ausgewogen und mit feinsten Säureadern verwoben. Im Nachhall sorgt eine leicht pflanzliche Komponente nach Johannisbeerblättern für zusätzliche Frische neben den Aromen nach Süßkirschen und Himbeeren.

Urteil: Ein charaktervoller Rosé mit der »Seele« eines guten Rotweins: weit entfernt von den belanglosen Leichtweinchen für die Terrasse, sondern viel eher ein ernst zu nehmender sommerlicher Essensbegleiter.

Preisregion: 7 bis 8 Euro

Rebsorten: Cabernet Sauvignon, Syrah, Grenache, Caladoc

Trinktemperatur: 7 – 8°

Schmeckt …: ganz klassisch zur Bouillabaisse

Gesehen bei: Delinat

Château de Roquefort, Provence

Wein: Côtes de Provence rosé »Corail«
Weinart: trockener Roséwein
Biokontrolle: Ecocert

Schon die außergewöhnliche Etikettengestaltung gibt einen Hinweis darauf, dass bei Château de Roquefort uraltes Gemäuer auf jungen Geist trifft. Die Wurzeln des Anwesens mögen bis in die gallo-römische Zeit als Befestigung *»Rocca fortis«* zurückreichen, doch in kaum einem anderen Weingut der Provence herrscht zurzeit ein solch frisches, kosmopolitisches Qualitätsbewusstsein wie hier. 1995 übernahm der in Bayern aufgewachsene Raimond de Villeneuve dieses Anwesen, setzte von Anfang an auf biodynamische Bewirtschaftung und führte es in die absolute Spitzengruppe der Region. Obgleich zunächst ein gelernter Schreiner, konnte der ebenso sympathische wie zielstrebige Winzer damals bereits über einen weiten internationalen Erfahrungshorizont in der Weinbranche zurückblicken, bei dem eine der wichtigsten Stationen sicher die Zeit im Burgunderhaus Mommessin war. Château de Roquefort verfügt über rund 24 Hektar Rebflächen in einer »herb-wilden« Gegend oberhalb der renommierten Appellation Bandol, die allerdings bereits knapp außerhalb deren Grenzen liegen und durch die Höhenlage von bis zu knapp 400 Metern auch einen ganz eigenen Weincharakter hervorbringen. Die hier erzeugten Rotweine, allen voran die vor Charakter strotzende Spitzencuvée *Rubrum Obscurum*, zählen zu den besten Gewächsen ihrer Art in der Provence. Ganz besonders schätze ich hier aber auch den Rosé, denn der hat genau jene charaktervolle Rasse, Frucht und Frische, wie man es sich von einem Côtes de Provence stets wünscht, aber keinesfalls immer findet.

Verkostung: Sehr fein fokussierter Duft nach frischen Johannisbeeren, Himbeeren und einer dezenten Kräuternote. In der Ansprache mit guter Frische und angenehmem Nerv, aber auch durchaus mit markantem Charakter, Ausdruck und präsentem, balanciertem Fruchtkörper. Von fein mineralischen Säureadern durchzogen. Im Nachhall an Himbeeren und Tomatenblätter erinnernd.

Urteil: Ein ernst zu nehmender, dennoch zugänglicher Rosé: nicht gerade »leicht«, trotzdem aber rassig-frisch.

Preisregion: 8 bis 9 Euro
Rebsorten: Grenache, Syrah, Cinsault, Carignan, Vermentino, Clairette
Trinktemperatur: 8°
Schmeckt …: zum Nizzasalat
Gesehen bei: K&U Weinhalle
Weitere Weine auch bei: Kreis

DOMAINE D'EOLE, PROVENCE

Die Coteaux d'Aix-en-Provence ist eine meiner Lieblingsappellationen in Südfrankreich. Die etwas höher gelegenen Weinberge an den oft zerklüfteten Kalksteinhügeln nördlich der alten Römerstadt Aix erbringen wunderbar würzige, charaktervolle Weine, die meist über mehr Finesse (und etwas weniger Fülle) verfügen als die weiter südöstlich an der Mittelmeerküste der Provence erzeugten Tropfen. Nach einer bis weit in vorchristliche Zeit zurückreichenden Weingeschichte wurden die Gewächse dieser Region im 15. Jahrhundert in ganz Europa bekannt, weil sie sich der besonderen Fürsprache durch den letzten regierenden Fürsten von Anjou, René I. »dem Guten«, erfreuen durften, einem großen Förderer seiner Epoche von Lebensart, Kunst und Kultur, der 1480 in Aix verstarb. Das Anbaugebiet wurde deshalb nach dem Zweiten Weltkrieg auch als »Coteaux du Roy René« bezeichnet, erhielt dann aber 1985 als Coteaux d'Aix-en-Provence den lange verdienten AOC-Status. Die Domaine d'Eole liegt im äußersten Nordwesten dieser Region, zu Füßen der wildromantischen Bergkette der Alpilles, der westlichsten Hügelkette des provenzalischen Höhenzugs. Seit 1993 wird dieses rund 20 Hektar große Gut von dem deutschen Önologen Mathias Wimmer verwaltet, der vor allem auch auf ungewöhnlich niedrige Erträge von nur rund 20 bis 35 Hektoliter/Hektar setzt (erlaubt wäre das Doppelte), um besonders charaktervolle Weine zu erzielen. Seit 1996 ist der Betrieb darüber hinaus als ökologischer Erzeuger zertifiziert.

WEIN: Coteaux d'Aix-en-Provence »Réserve des Gardians«
WEINART: trockener Rotwein
BIOKONTROLLE: Ecocert

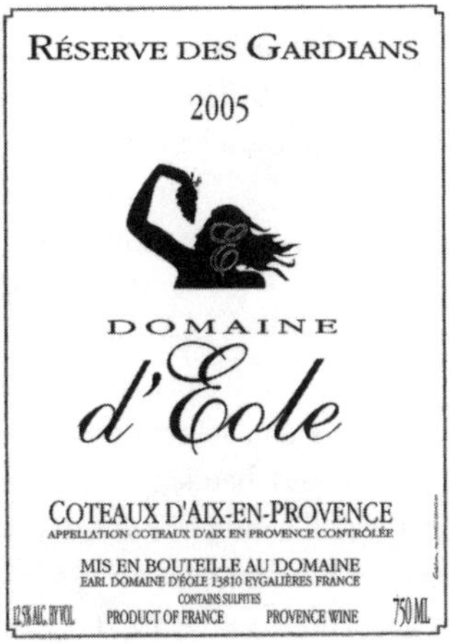

Verkostung: Klares, frisches Bukett nach Zwetschgen und dunklen Himbeeren, mit feiner mineralischer Würze unterlegt. Lebhafte Ansprache am Gaumen mit einem präsenten, aber nicht zu schweren Körper und feiner, aufrechter Struktur. Im Nachhall klingen Rote Johannisbeeren und Wildkräuter dezent an.

Urteil: Ein sehr feiner, frischer und gut strukturierter Provenzale, bei dem man den Appellationscharakter sehr gut erschmecken kann.

Preisregion: 9 bis 12 Euro

Rebsorten: Carignan, Grenache, Cinsault, Syrah

Trinktemperatur: 17°

Schmeckt ...: zu geschmorten Lammhaxen mit Thymian

Gesehen bei: Alnatura, Basic

DOMAINE RICHEAUME, PROVENCE

WEIN: Côtes de Provence »Cuvée Tradition«
WEINART: trockener Rotwein
BIOKONTROLLE: Qualité France

Es ist fast ein wenig kurios, dass ausgerechnet der Spross eines großen deutschen Chemiefabrikanten aus Düren als einer der frühesten Pioniere des ökologischen Weinbaus in der Provence gilt. Im Jahr 1972 erwarb Dr. Henning Hoesch als promovierter Historiker ein etwas heruntergekommenes Landgut einige Kilometer westlich von Aix-en-Provence und gab seine internationale Hochschulkarriere zugunsten eines beschaulichen, aber umso arbeitsameren Lebens als Winzer und Landwirt auf. Mit gerade einmal zwei Hektar Reben beginnend, wurde das ab 1976 ökologisch ausgerichtete Weingut auf heute rund 25 Hektar erweitert und zählt seit vielen Jahren zu den angesehensten Betrieben des Anbaugebiets. Das Spitzengewächs des am Fuße des Mont Sainte Victoire gelegenen Guts, der reinsortige Syrah *Les Terrasses*, gilt sogar schon als echter Kultwein dieser Region, aber bereits der Basiswein *Cuvée Tradition* kann ein großer Genuss sein. Allen Weinen der Domaine Richeaume ist gemein, dass ihnen durchaus eine gewisse Zeit in der Flasche guttut, wenn man sie in ihrer ganzen Größe verkosten möchte. Neben Wein erzeugt der Betrieb, der auf den Überresten eines römischen Landhauses errichtet wurde, auch ein gutes Olivenöl sowie Getreide und Mandeln. Zur Herstellung des eigenen Komposts nach biodynamischen Vorgaben wird darüber hinaus eine Schafherde auf der Domaine gehalten. Für die Weinbereitung ist heute Hoeschs Sohn Sylvain verantwortlich, ein studierter Önologe mit internationaler Erfahrung.

VERKOSTUNG: Vielschichtiger Duft nach Waldbeeren und Cassis mit dezenter Würze. Seidige, geschliffene Textur in der Ansprache, delikat floral unterlegte Frucht am Gaumen. Mittleres Gewicht, wunderbare Balance und großartige geschmackliche Transparenz. Auffallend feinkörniges Tannin. Köstlich aromatische Präsenz im Nachhall nach Himbeeren und Roten Johannisbeeren.

URTEIL: Ein außergewöhnlich feinfühlig gemachter Wein, ohne jegliche Rustikalität und mit einer in dieser Region eher seltenen Finesse.

PREISREGION: 13 bis 14 Euro

REBSORTEN: Grenache, Cinsault, Carignan

TRINKTEMPERATUR: 17°

SCHMECKT ...: zu feinem Wildgeflügel, an besten zu Wachteln oder Rebhühnern

GESEHEN BEI: Mövenpick

DOMAINE BASSAC, LANGUEDOC

WEIN: Vin de Pays d'Oc »Armonia«
WEINART: halbtrockener Rotwein
BIOKONTROLLE: Ecocert

Es ist noch nicht lange her, da hätte ich es mir nie träumen lassen, dass ich einmal einen roten Vin de Pays d'Oc mit dezenter Restsüße empfehlen würde. Über Jahrzehnte hinweg war der heiße Süden Frankreichs zu einer übersprudelnden Quelle unsäglicher, billiger Massenweine geworden. Doch gerade weil die Spirale von riesigen Erträgen, schlechter Qualität und dadurch stets tiefer fallender Fassweinpreise sich immer weiter nach unten gedreht hat, gab es für viele Winzer im Languedoc-Roussillon, aus dem fast 40 Prozent der gesamten französischen Weinerzeugung stammt, nur den Ausweg, sich wieder auf die Qualität und die Vielfältigkeit der dortigen Terroirs zu besinnen. Die Region gilt heute als Spielwiese für neue Talente und wird wegen der zahlreichen innovativen Nachwuchswinzer oft als das »Kalifornien Frankreichs« bezeichnet. Besonders interessant ist dabei, dass die Renaissance dieser Region sehr eng mit einer überaus dynamischen Szene von hochtalentierten Öko-Winzern verknüpft ist und das Anbaugebiet heute als größte Quelle für biologisch erzeugte Weine in Frankreich gelten darf. Die Domaine Bassac gehörte von Anfang an zu den engagierten Produzenten, die diese önologische und ökologische Revolution des Anbaugebiets mit eingeleitet haben. Während sich jedoch viele der neuen Winzerstars aus den Weindörfern rund um Montpellier mit Spitzenqualitäten von internationalem Niveau in die Schlagzeilen brachten, fokussierten sich die Brüder Pierre, Henri und Louis Delhon auf die Erzeugung überaus schmackhafter Vin de Pays für den täglichen Genuss zu sehr fairen Preisen.

VERKOSTUNG: Einfache, aber sehr angenehme Kirschfrucht im Duft. Ausgesprochen rund und harmonisch auf der Zunge und mit einer ganz feinen, fruchtigen und dezenten Süße ausgestattet, im Nachhall jedoch wieder fast trocken. Das Tannin ist zurückhaltend und sehr seidig, bildet aber dennoch ein kaum merkliches, wohltuend balancierendes Gegengewicht.

URTEIL: Ein feinfühlig komponierter, keinesfalls niveauloser Basiswein, der »Trocken-Trinkern« ebenso schmecken dürfte wie jenen, die es gerne etwas milder mögen.

PREISREGION: 6 bis 7 Euro

REBSORTEN: Carignan, Grenache, Merlot, Cabernet Sauvignon

TRINKTEMPERATUR: 16°

SCHMECKT ...: am besten zum Plaudern mit guten Freunden

GESEHEN BEI: Alnatura, Basic

Domaine Soulié, Languedoc

Wein: St. Chinian
Weinart: trockener Rotwein
Biokontrolle: Ecocert

Die Appellation St. Chinian liegt nordwestlich von Béziers an den Ausläufern des Cevennen-Mittelgebirges und umfasst 20 Weinbaudörfer rund um das gleichnamige Städtchen. Die einladende, vom Fluss Orb und dessen Zufluss Vernazobre durchzogene Hügellandschaft vereint vielfältige Terroirs in sich, wobei die nördlicheren Weinberge mit Schieferböden eher mineralisch geprägte Gewächse hervorbringen, während der weiter südlich zunehmende Kalkgehalt im Untergrund für ausdrucksvolle Frucht sorgt. Das Weingut von Biowinzer Remy Soulié findet man hier auf einem Hochplateau am südwestlichen Rand der Appellation, das über ein besonders günstiges Mikroklima verfügt. Noch nahe genug am Mittelmeer gelegen, um von dessen ausgleichenden Temperaturen zu profitieren, und gerade weit genug davon entfernt, um von den feuchtwarmen Herbstnebeln verschont zu bleiben, sind die Rebgärten Souliés für eine gleichmäßige, stetige Reifeperiode ohne die Gefahr von Fäulnisbefall prädestiniert. Der Winzer selbst ist eine für die Aufbruchstimmung im Languedoc-Roussillon so typische Persönlichkeit aus ländlicher Bodenhaftung und weit über den Tellerrand hinausblickender, ungezügelter Experimentierlust. Diese auf den ersten Blick etwas ambivalente Mischung zeigt sich folgerichtig aber auch sehr schön in seinen Weinen, die unverkennbar die regionale Herkunft zeigen, jedoch in einer zeitgemäßen, modernen Interpretation.

VERKOSTUNG: Warmer, reifer Duft nach Waldbeerenkompott. Guter Fruchtausdruck nach Amarenakirschen am Gaumen, aber nicht zu füllig. Präsentes, aber feinkörniges Tannin. Im Nachhall mit südlicher Würze.

URTEIL: Vermittelt mediterrane Wärme, ohne dabei allzu »fett« oder gar alkoholisch zu sein.

PREISREGION: 6 bis 7 Euro

REBSORTEN: Grenache, Syrah, Cinsault

TRINKTEMPERATUR: 16 – 17°

SCHMECKT ...: zu Cassoulet mit Bohnen, aber auch zu deftiger Charcuterie wie Esels- oder Wildschweinsalami

GESEHEN BEI: Alnatura

Abbaye de Valmagne, Languedoc

Wein: Abbaye de Valmagne Coteaux du Languedoc
Weinart: trockener Rotwein
Biokontrolle: Ecocert

Ausgehend von ihrem Stammsitz in Burgund haben sich die Zisterzienser-Mönche um die Rebkultur des frühen Mittelalters in ganz Europa besonderen Verdienst erworben. Es ist auffallend, dass die Niederlassungen des Ordens oft für den Weinbau der jeweiligen Region eine maßgebliche Stellung eingenommen haben. Ein leuchtendes Beispiel ist hierzu das Kloster Eberbach im Rheingau, aber auch die überaus sehenswerte Abbay de Valmagne in Villeveyrac unweit von Montpellier im Languedoc. Diese Abtei wurde 1139 gegründet und erlangte schnell großen Reichtum, der sich vor allem auch auf die begehrten Weine der umliegenden Rebgärten gründete. Im Zuge der nach der französischen Revolution einsetzenden Säkularisierung der klerikalen Güter fiel dann der Besitz der Anlage in bürgerliche Hände, und das Kirchengebäude wurde zum Weingut umfunktioniert. Noch heute kann man bei einem Besuch in der sehr gut erhaltenen Abtei das Kuriosum von 18 großen, alten Holzfässern bewundern, die ins gotische Kirchenschiff eingepasst wurden und bis in die achtziger Jahre noch in Gebrauch waren. Seit 1999 sind die rund 75 Hektar umfassenden Rebgärten des ehemaligen Klosterguts für die Erzeugung von Bioweinen zertifiziert. Der heutige Besitzer Philippe d'Allaines gilt als gewissenhafter Weinmacher, dessen Gewächse zu den zuverlässigsten ihrer Art in der Region zählen. Neben der typischen würzigen Frucht der Region ist hier auch eine über 800 Jahre dauernde, ununterbrochene Weingeschichte in den Flaschen eingefangen.

Verkostung: Würziger Duft nach gerösteten Zwetschgen und Schwarzkirschen. Zunächst mit saftiger Ansprache und vollem Körper am Gaumen, dann jedoch von gutem Säurespiel sehr angenehm im Volumen begrenzt. Präsente, jedoch keinesfalls unangenehme Gerbsäurestruktur. Herb-frischer Nachhall mit der südlichen Würze des Languedoc.

Urteil: Aufrichtiger und gut gemachter bürgerlicher Tropfen mit gewissem Anspruch. Ungeachtet der südlichen Herkunft mit angenehmer Frische ausgestattet und trotz des Volumens keinesfalls zu schwer.

Preisregion: 6 bis 8 Euro

Rebsorten: Syrah, Mourvèdre, Grenache

Trinktemperatur: 17°

Schmeckt …: zu kräftig gewürzten Fleischgerichten mit mediterranem Pfiff oder zu herzhaftem Schafskäse

Gesehen bei: Jacques' Weindepot

Château Pech-Latt, Languedoc

Wein: Corbières

Weinart: trockener Rotwein

Biokontrolle: Ecocert

Bereits im Jahr 784 legten die Benediktinermönche der Abbay Sainte-Marie aus Lagrasse auf Geheiß von Karl dem Großen die Weinberge bei Château Pech-Latt an. Der zu Füßen des Montagne d'Alaric gelegene Betrieb gehört damit zu den traditionsreichsten Weingütern der Region. Zahlreiche Fundstücke aus der näheren Umgebung lassen sogar auf eine bis in die Römerzeit zurückreichende Rebkultur schließen. Ein erneuter Aufstieg dieses Landguts ist hingegen jüngerer Natur. Um die Jahrtausendwende erwarb das große Burgunderhaus Louis Max aus Nuits-Saint-Georges den Besitz an Pech-Latt. Schon zu Beginn der siebziger Jahre sorgte der legendäre frühere Verwalter des Guts, Jean Vialade, mit bemerkenswerten Weinen für Aufsehen und brachte das Gut in die Spitzengruppe der Erzeuger des Corbières. Sein Nachfolger Philippe Mathias konnte dies dann mit dem frischen Kapital des neuen Eigentümers noch einmal weiter ausbauen, so dass die Weinwelt heute voller Lob über dieses 100-Hektar-Bioweingut ist. Unter anderem auch vom hoch renommierten britischen Fachmagazin *Decanter* als ein Lieblingswein gefeiert (»highly recommended«, »fantastic value«), werden die Gewächse von Château Pech-Latt immer wieder vor allem für ihre tolle Qualität bei sehr »zivilen« Preisen gelobt. Als Gründe für dieses hohe Niveau verweist man unter anderem gerne einerseits auf die sehr akkurate Pflege der alten Rebanlagen (im Durchschnitt rund 40 bis 45 Jahre) sowie andererseits auf die feinfühlige Vinifikation nach burgundischem Vorbild.

Verkostung: Tiefer, voluminöser Duft nach Wildzwetschgen, Heidelbeeren und schwarzen Kirschen, dazu Anklänge an mediterrane Wildkräuter. Ungemein saftige Ansprache, jedoch ohne die hier sonst oft zu erwartende Rustikalität. Der dichte Fruchtkörper hüllt das Tannin fast völlig ein. Bereits in der Jugend wunderbar abgerundet und doch mit feinem Rückgrat.

Urteil: »Verdammt viel Wein fürs Geld!«

Preisregion: 7 bis 8 Euro

Rebsorten: Carignan, Grenache, Syrah, Mourvèrde

Trinktemperatur: 17 – 18°

Schmeckt ...: zu geschmorten Lammhaxen mit Oliven oder kräftigen Käsesorten

Gesehen bei: Wein & Glas

DOMAINE D'AUPILHAC, LANGUEDOC

WEIN: Vin de Pays de l'Herault »Les Servières«
WEINART: trockener Rotwein
BIOKONTROLLE: Ecocert

Neben Pic-Saint-Loup und La Clape gilt Montpeyroux heute als eines der unbestritten besten Terroirs der Coteaux du Languedoc. Das ist vor allem auch deshalb erstaunlich, weil bis vor rund zwei Jahrzehnten hier eigentlich nur die örtliche Genossenschaft mit zu dieser Zeit zwar korrekten, aber nicht wirklich aufregenden Weinen vertreten war. Daran, dass diese höchstgelegene Sub-Appellation des Anbaugebiets heute jedoch bei Kennern einen so guten Ruf besitzt, ist neben einer Handvoll weiterer Qualitätsenthusiasten auch Sylvain Fadat mit seiner Domaine d'Aupilhac maßgeblich beteiligt. Einer alten Winzerfamilie dieser Region entstammend, begann Fadat 1989 mit einem kleinen Weingut als einer der damals wenigen von der Kooperative unabhängigen Winzer. Auch wenn die ersten Jahre mühevoll waren – eine Kelterhalle war zunächst nicht vorhanden, und nebenher wurden auch noch Melonen, Spargel, Tomaten und Pfirsiche angebaut –, so setzte er von Beginn an auf die bemerkenswerte Diversität der Böden und die Höhenunterschiede in den Terrassenlagen bei Montpeyroux. Ein besonderes Juwel unter seinen Weinbergen ist dabei der Rebgarten *Les Servières*, dessen Name auf eine in der Region früher beheimate, heute hier aber ausgestorbene Wildkatzenart zurückgeht. Die Cinsault-Rebstöcke dieses im Besitz eines Jugendfreunds von Fadat befindlichen Weinbergs wurden bereits im Jahr 1900 in kargem, steinigem Mergelboden angepflanzt und erbringen einen der wenigen wirklich hochwertigen reinsortigen Weine dieser alten Varietät. Von der tiefstapelnden Etikettierung als »Vin de Pays« sollte man sich also nicht täuschen lassen.

Verkostung: Herbfruchtiger Duft nach Sauerkirschen sowie Heidel- und Preiselbeeren, dazu schwarzer Pfeffer und Wildkräuter. Sehr dicht und präzise am Gaumen. Von einer markanten, fokussierten Struktur durchzogen und mit Aromen von dunklen Beeren, Leder und Jod im Fruchtkörper. Pfeffrig-würziges Tannin im Nachhall, trotz der deutlichen Präsenz jedoch von feinkörniger Textur.

Urteil: Eine charaktervolle, selbstbewusste Weinpersönlichkeit, der man trotz ihres rustikalen Kerns (nicht zuletzt auch wegen den über 100 Jahre alten Rebstöcken) mit Respekt begegnet.

Preisregion: 8 bis 9 Euro
Rebsorten: Cinsault
Trinktemperatur: 18°
Schmeckt …: zu Cassoulet mit Entenconfit und Knoblauchwurst
Gesehen bei: Kreis

ALAIN CHABANON, LANGUEDOC

WEIN: Coteaux du Languedoc – Montpeyroux »L'Esprit de Font Caude«
WEINART: trockener Rotwein
BIOKONTROLLE: Ecocert

Die Geschichte von Alain Chabanon liest sich wie ein Weinmärchen mit immer noch weit offenem Ausgang. Anfang der neunziger Jahre baute sich der ebenso sympathische wie enthusiastische Winzer quasi aus dem Nichts ein kleines Öko-Weingut, die Domaine Font Caude, in einer heute als Rebstandort gefeierten Region bei Montpeyroux im Languedoc auf. Statt auf großes Grundkapital vertraute er dabei vor allem auf das, was seiner Hände Arbeit zu schaffen fähig war, und noch heute, da er zu den Stars des Midi zählt, ist es seine unumstößliche Philosophie, an allen Tätigkeiten, von der Weinbergspflege über die Vinifikation bis hin zur Abfüllung, wortwörtlich selbst Hand anzulegen. Die herausragende Qualität seiner sieben erzeugten Cuvées, darunter ein Weißwein, ein Süßwein, ein Rosé und vier Rote, sprach sich schnell herum und brachte ihm rasch den Status eines Geheimtipps. Mit »geheim« war es aber spätestens dann vorbei, als die Engländerin Jancis Robinson, eine der weltweit höchst geachteten Weinkritikerinnen, im Herbst 2004 in einer Blindprobe mit erfahrenen Fachleuten Spitzenweine des Midi in den Vergleich mit großen Klassikern aus anderen Teilen Frankreichs stellte. Das Ergebnis glich einer Sensation: Chabanons 2000er *Les Boissières* ließ dabei mit dem *Château Rayas* aus dem gleichen Jahrgang einen der großen Kultweine des Châteauneuf-du-Pape hinter sich, und sein 1999er *Merle aux Alouettes* konnte sich sogar vor dem 1999er *Château Petrus* (Schätzpreis rund 1.000 Euro) platzieren! Besonders erstaunlich an diesem Ergebnis: Selbst Chabanons feinster Wein, *L'Esprit de Font Caude*, ist heute noch für rund 25 Euro zu haben!

Verkostung: Herrlich frischer, dichter und hochkomplexer Duft nach Cassis, Trüffel, Gelee von Roten Johannisbeeren, Speck und Pfeffer. Sensationelle Struktur und perfekte Balance, hochfeine Gerbsäure und delikate Frische im Fruchtkörper. Köstlicher Nachhall nach Preiselbeeren, dunklen Himbeeren und schwarzen Oliven.

Urteil: Ein echtes Weltklassegewächs!

Preisregion: 24 bis 26 Euro

Rebsorten: Syrah, Mourvèdre, Carignan, Grenache

Trinktemperatur: 18°

Schmeckt …: zu sehr feinem Rehrücken

Gesehen bei: Pinard de Picard, K&U Weinhalle

DOMAINE LEON BARRAL, LANGUEDOC

WEIN: Faugères
WEINART: trockener Rotwein
BIOKONTROLLE: Ecocert

Wenn man durch die Weinberge Didier Barrals geht, so mag man kaum glauben, dass hier nur rund ein halber Meter Muttererde auf dem steinharten Schieferfels liegt. Auch als landwirtschaftlicher Laie spürt man an der geradezu federnden Elastizität dieses Untergrunds sofort, wie wichtig für Barral eine lebendige, luftige und durchlässige Erde voller Biodiversität ist. Legt er neue Weinberge an, so überlässt der überzeugte Biodynamiker diese Flächen zunächst für viele Jahre sich selbst sowie den darauf grasenden Kühen und setzt damit einen natürlichen Wiederbelebungsprozess in Gang. Und beim Pflügen zieht er nicht nur wie sonst üblich Längsbahnen durch die Rebzeilen, sondern zusätzlich auch noch quer dazu. Diese Geduld und der große Aufwand, den Barral bei der Bodenkultur betreibt, finden sich deutlich schmeckbar in seinen Weinen wieder. Sie verfügen einerseits über die für den kargen, eisenhaltigen Boden aus blauem und rotem Schiefer der Region Faugères so typische würzige Mineralität, haben aber andererseits durch die gute Humusversorgung eine wunderbar reife, ausdrucksvolle und vielschichtige Frucht. Um diese subtile Balance nicht zu stören, versucht Didier Barral dann auch im Keller, mit nur winzigen Schwefelzugaben beim Ausbau auszukommen. Seine beiden Spitzenweine, die betörende Cuvée *Jadis* und der extrem rare *Valinière,* gehören somit nicht nur zu den allerbesten Weinen aus Frankreichs Süden, sondern auch zu den authentischsten. Doch bereits der schlichte *Faugères* als Basiswein vermittelt für überraschend wenig Geld einen ersten Eindruck von den lebendigen Persönlichkeiten in Barrals Abfüllungen.

VERKOSTUNG: Feingliedrig aufgefächerter Duft nach Roten Johannisbeeren, vollreifen Süßkirschen und Waldhimbeeren, eine feinwürzige Mineralität bringt eine hochelegante, geradezu »kühle« Ergänzung dazu. Auch auf der Zunge verblüffen zunächst die für einen Faugères eher ungewöhnliche Eleganz und der subtile Schliff. Der Körper ist balanciert, der Alkohol gut eingebunden und dadurch im Aroma zurückhaltend, die Frucht ist frisch und keinesfalls »heiß«, die Gerbsäure ist samtig-mild und fein verwoben. Im Nachhall zeigt sich die feine Schiefer-Mineralität und animierende Sauerkirschnote.

URTEIL: Der Wein bietet eine in der Region seltene Finesse und Balance – und das zu einem sehr guten Preis.

PREISREGION: 11 bis 12 Euro

REBSORTEN: Carignan, Grenache, Cinsault

TRINKTEMPERATUR: 17°

SCHMECKT ...: zur Entenbrust mit Kirschsauce

GESEHEN BEI: Pinard de Picard, Mövenpick

CHÂTEAU PECH-REDON, LANGUEDOC

WEIN: Coteaux du Languedoc – La Clape »Les Cades«
WEINART: trockener Rotwein
BIOKONTROLLE: Ecocert

La Clape ist eines der faszinierendsten Terroirs des Midi. Dieser rund 17 Kilometer lange und etwa acht Kilometer breite Höhenzug war in der Antike noch eine Insel, die den Hafen von Narbonne, das als »Colonia Narbo Martius« um 118 v. Chr. als erste römische Kolonie außerhalb Italiens gegründet wurde, geschützt hat. Im Laufe der Zeit wurde La Clape durch Versandung mit dem Festland verbunden und hat heute bei Liebhabern wildromantischer Landschaften einen ebenso guten Ruf wie bei Weinkennern. Als eine Sub-Appellation der Coteaux du Languedoc bringt diese Region unverwechselbare Weine hervor. Man sagt, dass sich die typische Vegetation dieses Berges mit ihrem im Sommer geradezu betörenden Duft nach *Garrigue*, Pinien, Ginster sowie wilden Kräutern wie Thymian, Lavendel, Rosmarin und Myrte im Bukett der Gewächse von La Clape wiederfinden lässt. Tatsächlich kann man sich dem Zauber dieser reichen, »wilden« Aromatik kaum entziehen, und man versteht schnell, warum auch die Römer hier nicht nur schon sehr begehrte Weine kelterten, sondern vor ihnen bereits die Phönizier und sogar die Ägypter den Honig dieser Region als Delikatesse schätzten. Es gibt an diesem als Naturpark geschützten Berg eine ganze Reihe guter Weingüter wie beispielsweise Ricardelle, Negly oder Anglès, aber mein Favorit ist das für sein gutes Preis-Genuss-Verhältnis bekannte, seit 1988 von Christophe Bousquet geführte Château Pech-Redon. Etwas versteckt auf einem Plateau am höchsten Punkt von La Clape gelegen, zeigt sich hier – sicherlich auch aufgrund der ökologischen Bewirtschaftung – der einzigartige Terroircharakter besonders ausgeprägt.

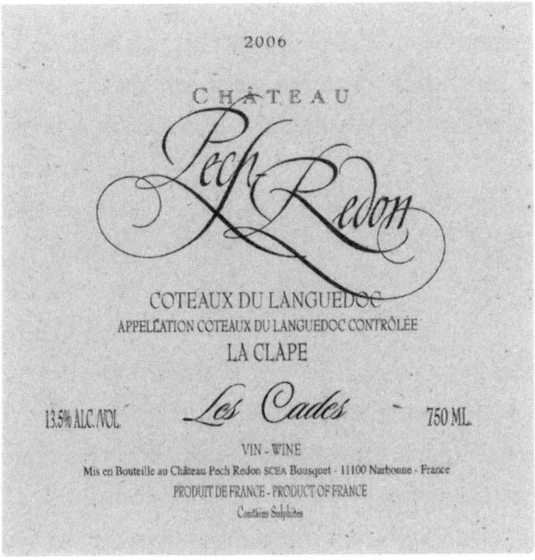

Verkostung: Berauschend mediterraner Duft nach Waldbeeren, Lavendel, Rosmarin und trockenem Unterholz. Auf der Zunge mit guter Balance und feiner Frische im reifen Fruchtkörper. Präsentes und würziges, aber feinkörniges Tannin. Köstlicher Nachhall mit Anklängen von schwarzen Oliven, Thymian und Lavendel.

Urteil: Sensationell »viel Wein« fürs bescheidene Geld! Der Genuss dieser Flasche ist wie ein kleiner Urlaub im Midi.

Preisregion: 6 bis 7 Euro

Rebsorten: Carignan, Cinsault, Grenache

Trinktemperatur: 17°

Schmeckt …: zum Lammnavarin mit Kräutern der Provence

Gesehen bei: K&U Weinhalle

DOMAINE GAUBY, ROUSSILLON

Es gibt eine Handvoll Weine, die ich stets, ohne zu zögern und mit größter Vorfreude, bestelle, wenn ich sie irgendwo auf einer Restaurantweinkarte entdecke. Eines dieser Gewächse – das leider viel zu selten in der deutschen Gastronomie zu finden ist – stammt von Gérard Gauby und seinem überaus bemerkenswerten Weingut im Roussillon. Der Winzer aus Calce, rund zehn Kilometer nordwestlich von Perpignan gelegen, gilt seit vielen Jahren als eine – mittlerweile auch international berühmte – Leitfigur des ökologischen Weinbaus und als einer der Väter der Qualitätsrenaissance im Midi. Seinen ersten Jahrgang stellte Gauby mit dem 1985er vor und wurde dann rasch für monumentale Rotweine bekannt. Ab 1995 führte er auf seinem Gut ökologische Methoden ein, die ab 1999 zur biodynamischen Wirtschaftsweise weiterentwickelt wurden. Besonders bemerkenswert ist dabei, dass zu dieser Zeit auch ein markanter stilistischer Wechsel stattfand. Gauby erzeugte nun nicht mehr hochkonzentrierte »Blockbuster«, sondern subtile, ausgewogene und finessenreiche Gewächse, bei denen der Balance zwingend der Vorzug vor purer Konzentration gegeben wird. Seither kommt das einzigartige Terroir dieser Region, in der karge Kalkböden mit verschiedenen Schichtungen des Schiefers variieren, noch deutlicher in den Weinen zum Vorschein. Mein ganz persönlicher Lieblingswein in diesem neuen Stil ist jedoch keiner der großartigen, gefeierten Roten, sondern der faszinierend mineralische weiße *Vieilles Vignes*.

WEIN: »Vieilles Vignes« Vin de Pays des Côtes Catalanes
WEINART: trockener Weißwein
BIOKONTROLLE: Ecocert

VERKOSTUNG: Immer noch jugendlich verhaltener Duft nach weißen Mandeln, Rebblüten, Marzipan und einer markanten Mineralität. Balancierter, feinmaschig verwobener Körper am Gaumen, mit einer ausgesprochen subtilen Säurefinesse durchwirkt. Charaktervolle Aromenentfaltung nach weißem Nougat, gerösteten Haselnüssen und Akazienblüten. Der deutlich vom Gestein des Bodens geprägte Nachhall erscheint fast »salzig«.

URTEIL: Eine solche Mineralität und Finesse gepaart mit Charakter und Eigenständigkeit findet man sonst nur bei den Grand Crus aus Burgund. Für einen Weißwein aus Roussillon mag der Vieilles Vignes recht teuer sein, aber im Vergleich zu einem Corton-Charlemagne ist er günstig.

PREISREGION: 26 bis 28 Euro

REBSORTEN: Macabeu, Grenache Blanc, Chardonnay, Grenache Gris, Carignane Blanc

TRINKTEMPERATUR: 10° (unbedingt rechtzeitig vorher dekantieren und langsam in der Karaffe etwas wärmer werden lassen)

SCHMECKT ...: zu feinen Kalbfleischgerichten, aber auch zu Königsberger Klopsen

GESEHEN BEI: Pinard de Picard, K&U Weinhalle

OLIVIER PITHON, ROUSSILLON

WEIN: Côtes du Roussillon »La Coulée«
WEINART: trockener Rotwein
BIOKONTROLLE: Qualité France

Als »Guerillero aus dem Norden« wurde Olivier Pithon in einem französischen Weinmagazin schon bezeichnet. Tatsächlich erinnert der Newcomer unter den Spitzenwinzern des Midi mit seinem 30-Tage-Bart und dem ebenso leuchtenden wie entschlossenen Blick in manchen Momenten ein wenig an Ernesto »Che« Guevara. Doch als er 2001 mit seinem Weingut im Languedoc startete, hatte er keinesfalls »Revolutionäres« im Sinn, sondern wollte nur seine ganz persönliche Leidenschaft für Boden, Natur und Wein ausleben. Aus einer Winzerfamilie von der Loire stammend (sein Bruder Jo ist dort einer der neuen Kultwinzer, siehe Seite 86) bekam Pithon durch Vermittlung von »Platzhirsch« Gérard Gauby die Möglichkeit, sich mit damals 8,5 Hektar Reben im nicht zuletzt durch dessen Arbeit berühmt gewordenen Terroir von Calce selbstständig zu machen. Wie sehr er mittlerweile in dieser neuen Heimat verwurzelt ist, kann man schon an den ungewöhnlichen Namen seiner Cuvées erahnen. Wie sonst käme er dazu, einen Wein nach seiner Lieblingskuh *Laïs*, einen anderen nach dem spanischen Republikaner *Saturne*, der hier in den vierziger Jahren Reben pflanzte, und einen weiteren schlicht als *D18* nach der Nummer des romantischen Sträßchens, das zu seinen Weinbergen führt, zu bezeichnen? Auch das von Anfang an in biodynamische Methoden gesetzte Vertrauen ist ein Ausdruck dieser Achtung vor den natürlichen Ressourcen. »Man kann nicht von respektvollem Umgang mit der Erde reden und gleichzeitig Produkte einsetzen, die einen Totenkopf auf dem Kanister tragen«, so eine der typischen Aussagen von Olivier Pithon.

VERKOSTUNG: Bereits im aufgefächerten Duft nach Brombeeren, dunklen Himbeeren, Schwarzkirschen und einer schweren Veilchennote ist die Mineralität mit einem Anflug von Jod und Meersalz zu spüren. Dieser Erwartung entsprechend auch am Gaumen wunderbar frisch und mit mineralischem Kern, dabei aber mit feinfruchtigem Volumen und sehr feiner Gerbsäure wunderbar balanciert. Waldfrüchte und dezente Pfeffernoten im transparenten Nachhall.

URTEIL: Mit der für die Region von Calce so typischen Frische und gut »verpacktem« Alkohol ausnehmend trinkfreudig, dennoch reich und niveauvoll.

PREISREGION: 14 bis 15 Euro

REBSORTEN: Grenache, Carignan, Syrah

TRINKTEMPERATUR: 17°

SCHMECKT ...: perfekt zu gegrillten Spareribs, ein saftiges Kotelett vom Bioschwein wäre jedoch auch ein würdiger Partner

GESEHEN BEI: Kreis

Château Peybonhomme-Les-Tours, Bordeaux

Dass die Rotweine aus Bordeaux stets teuer seien, ist eines der großen und leider weit verbreiteten Vorurteile in der Weinwelt.

Wein: Château Peybonhomme-Les-Tours Premières Côtes de Blaye »Cru Bourgeois«
Weinart: trockener Rotwein
Biokontrolle: Ecocert

Natürlich hört man immer wieder von jenen berühmten Châteaus, deren Gewächse auf dem Weltmarkt zu astronomischen Summen gehandelt werden. Doch man sollte dabei eben auch nicht vergessen, dass es sich hierbei nur um ein paar Dutzend elitäre Güter handelt und diese keinesfalls repräsentativ für ein ganzes Anbaugebiet stehen, das mit rund 100.000 Hektar ähnlich groß ist wie die Gesamtrebfläche Deutschlands. Insbesondere in den etwas unbekannteren Appellationen abseits der großen Namen schlummert oft ein hierzulande kaum entdeckter Schatz von Weinen mit herausragendem Preis-Genuss-Verhältnis. Deshalb schaue ich mich auf meinen Reisen in diesem Anbaugebiet besonders gerne in Regionen wie Côtes de Bourg oder Côtes de Blaye, beide am rechten Ufer der Gironde gelegen, um und bin immer wieder erstaunt, welche großartigen Weine man hier für relativ »kleines« Geld finden kann. Ein typisches Beispiel hierfür ist Château Peybonhomme-Les-Tours in der Appellation Premières Côtes de Blaye. Das stattliche Schlösschen mit seinem markanten Turm wurde bereits 1868 als »Cru Bourgeois« tituliert und darf bis heute diese (sonst eigentlich nur auf der anderen Seite der Gironde übliche) Auszeichnung auf dem Etikett tragen. Dieser Titel ist für die hier ab dem Jahr 2000 offiziell als Bioweine erzeugten Gewächse auch überaus passend: Denn sie sind keinesfalls ein königlicher Luxus, sondern viel eher eine Facette feiner bürgerlicher Lebensart.

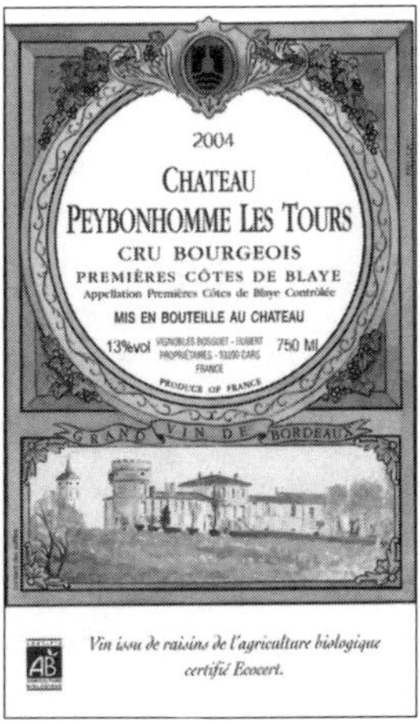

Verkostung: Runde, etwas ländlich geprägte Zwetschgenfrucht, unterlegt mit Spuren von Nelkenpfeffer, Bitterschokolade und einer tiefen Vanillenote. Saftige Ansprache mit präsentem, aber gut vom Fruchtkörper ummanteltem Tannin. Die fein mineralische Würze geht in einen Nachhall mit Aromen von Rumtopf und Zedernholz über.

Urteil: Ein deutlich von Merlot geprägter, typischer Vertreter des »rechten Ufers« der Gironde. Nicht von Adel, aber von ländlicher Noblesse.

Preisregion: 10 bis 12 Euro

Rebsorten: Merlot, Cabernet Sauvignon, Cabernet Franc, Malbec

Trinktemperatur: 18°

Schmeckt …: zu geschmorten Rinderbacken, milden Schnittkäsen

Gesehen bei: Alnatura

Château La Grolet, Bordeaux

Wein: Château La Grolet »Tête de Cuvée« Côtes de Bourg
Weinart: trockener Rotwein
Biokontrolle: Ecocert

Das Anwesen von Château La Grolet ist in vielerlei Hinsicht ein kleines Paradies. Da ist zum einen die anmutige Umgebung auf den sanften, sonnigen Hügeln zwischen den Städtchen Bourg und Blaye, die nicht umsonst auch als die »kleine Schweiz der Gironde« bezeichnet wird. Zum anderen bezaubert auf Anhieb das liebevoll restaurierte Schlösschen aus dem 17. Jahrhundert, dem die heutigen Besitzer, Catherine und Jean-Luc Hubert, mit feinfühliger Hand neues Leben eingehaucht haben. Ein Spaziergang durch die Rebzeilen des Châteaus ist jedoch ebenso ein Genuss, und man spürt am vielfältigen Leben in diesen rund 28 Hektar umfassenden Weingärten, von den herumschwirrenden Bienen über die Singvögel bis hin zu den zahlreich sichtbaren Bodeninsekten, wie sehr hier bereits die im Jahr 2000 begonnene Bewirtschaftung nach biodynamischen Methoden zu einer Wiederherstellung und Stabilisierung der Biodiversität geführt hat. Und nicht zuletzt das, was hier in die Flaschen gefüllt wird, ist für so manchen Genießer geradezu paradiesisch. Die *Tête de Cuvée* als das Spitzenerzeugnis aus den besten Trauben der im Durchschnitt rund vierzig Jahre, in der Spitze sogar bis zu achtzig Jahre alten Rebanlagen von La Grolet ist ein Paradebeispiel für das herausragende Preis-Genuss-Verhältnis, das man bei gut geführten Betrieben in dieser Region finden kann. Ich erinnere mich noch gut daran, dass ich, als ich diesen Wein das erste Mal verkostete, ihn mehr als doppelt so teuer einschätzte, als er tatsächlich ist!

Verkostung: Tiefes Bukett nach dunklen Pflaumen, Heidelbeeren, einer dezenten Pinienholznote sowie Spuren von bitterem Kakao und Vanille. Bereits der Duft zeigt bemerkenswerte Noblesse. Präsenter, vielschichtiger Ausdruck am Gaumen, dennoch ungemein balanciert. Das hochfeine, gut gepufferte Tannin gibt eine aufrechte Struktur, ohne dabei aber die tiefe, geradezu mineralisch »kühle« Frucht zu überlagern. Im ausdrucksvollen Nachhall klingen neben der Frucht feine Röst- und Zedernholznoten an.

Urteil: Die Qualität entspricht der eines guten *Cru Bourgeois* des Médoc, der Preis liegt aber nur bei rund der Hälfte von dessen Niveau. Toll!

Preisregion: 10 bis 11 Euro

Rebsorten: Merlot, Cabernet Sauvignon

Trinktemperatur: 18°

Schmeckt …: zum Côte de Bœuf oder zum Lammrücken mit frischer Minze

Gesehen bei: Kreis

Château Moulin du Cadet, Bordeaux

Wein: Cadet Fontpierre St.-Émilion
Weinart: trockener Rotwein
Biokontrolle: Ecocert

Château Moulin du Cadet kann auf eine durchaus erfolgreiche und lange Geschichte zurückblicken. Gerne verweisen die heutigen Besitzer des Guts, Isabelle und Pierre Blois-Moueix, darauf, dass ihr Château bereits zur Pariser Weltausstellung von 1867 mit der Goldmedaille ausgezeichnet wurde. Dass das Weingut heute dennoch im Konzert der großen Namen der Region eher etwas untergeht und kaum bekannt ist, liegt aber ganz einfach daran, dass die Produktionsmenge schlichtweg so winzig ist: Lediglich etwa 2.500 Kisten werden pro Jahr durchschnittlich erzeugt. Der nur rund 4,6 Hektar umfassende Rebgarten des Guts befindet sich im Lieu-dit le Cadet, einem Weinberg mit sanfter westlicher Neigung auf dem Kalkplateau im Norden des Städtchens St.-Émilion. Nach ersten biodynamischen »Gehversuchen« seit dem Jahr 1996 und der nach und nach fortschreitenden Umstellung erfolgte 2005 die komplette Zertifizierung und die Aufnahme in den angesehenen Biodyvin-Verband. Für den Ausbau im Keller ist Isabelles Bruder Alain Moueix verantwortlich, ein international hoch qualifizierter und angesehener Weinmacher, der auch die Gewächse des benachbarten, ebenfalls biodynamisch bewirtschafteten Château Fonroque (siehe Seite 156) sowie die Weine von Château Mazeyres in Pomerol vinifiziert. Neben dem *Grand Cru Classé Moulin du Cadet* wird hier auch in kleiner Menge ein kaum bekannter Zweitwein unter dem Namen *Cadet Fonroque* erzeugt, nach dem es sich ganz besonders lohnt, Ausschau zu halten.

Verkostung: Tiefes Bukett nach dunklen Zwetschgen, Brombeeren, schwarzem Pfeffer und Bitterschokolade. Saftige, dichte Ansprache am Gaumen, dennoch bemerkenswert mineralisch unterfüttert. Das angenehme Tannin ist gut eingebunden, ein ganz dezentes Säurespiel schwingt mit. Fleischig-saftige Frucht im Nachhall.

Urteil: Ein sehr gut gemachter und niveauvoller »kleiner« Bordeaux, der einerseits die stoffig-runde Art des Merlots gut wiedergibt, andererseits aber auch unverkennbar seine Herkunft repräsentiert.

Preisregion: 16 bis 18 Euro

Rebsorten: Merlot

Trinktemperatur: 17°

Schmeckt …: zu geschmorten Rindsrouladen und ähnlich kräftig-deftigen Rindfleischgerichten

Gesehen bei: Basic

CHÂTEAU FONROQUE, BORDEAUX

WEIN: Château Fonroque St.-Émilion Grand Cru Classé
WEINART: trockener Rotwein
BIOKONTROLLE: Agrocert/Ecocert

Der Name Moueix ist in Bordeaux allgegenwärtig und wird stets mit großem Respekt ausgesprochen. Die aus Zentralfrankreich stammende Familie übersiedelte zu Beginn der dreißiger Jahre des vorigen Jahrhunderts nach Bordeaux und gründete hier 1937 ein Handelshaus, das heute zu den einflussreichsten der Region zählt und zu dem zahlreiche Châteaus der Spitzenklasse, darunter weltberühmte Namen wie Petrus, Magdelaine, Trotanoy oder Latour à Pomerol, gehören. Das erste Weingut, das das damalige Familienoberhaupt, Jean Moueix, in Bordeaux erwarb, war jedoch Château Fonroque in St.-Émilion, auf dem er sich im Jahr 1931 niederließ. Beginnend mit dem Jahrgang 2001 übernahm dann mit Alain Moueix ein ungemein dynamischer, hoch motivierter Spross dieser Dynastie das als Grand Cru Classé eingestufte Gut und sorgte rasch für frischen Wind. Von seinen Lehr- und Wanderjahren, die ihn nicht nur durch zahlreiche renommierte Betriebe in Bordeaux, sondern auch bis nach Neuseeland führten, brachte er die Vision eines nach biodynamischen Grundsätzen geführten Spitzenweinguts am alten Familienstammsitz mit. Neben der Verbesserung der technischen Ausstattung im Kelterbereich und im Keller war sein großes Ziel dabei, vor allem in den Weinbergen jene natürliche Balance und Biodiversität wiederherzustellen, wie sie wohl sein Großvater hier in den dreißiger Jahren noch vorfand. Die 17,6 Hektar große Rebfläche des Châteaus verteilt sich auf ein Kalkplateau, wo vor allem der Cabernet Franc besondere Finesse erreicht, sowie einen darunter liegenden sanften Hang mit etwas lehmigerem Boden, auf dem sich der Merlot besonders wohl fühlt.

Verkostung: Sehr tiefes, sehr nobles Bukett nach Brombeeren, Schwarzkirschen, Mokka und Leder. Mineralisch durchsetzte Frucht am Gaumen mit bemerkenswerter Komplexität und Finesse. Das charaktervolle, aber reife Tanninrückgrat ist gut verwoben und gibt im Zusammenspiel mit der feinen Weinsäure eine aristokratische Struktur. Im eleganten, konsistenten Nachhall finden sich Aromen von Zwetschgen, Cassis und Zedernholz.

Urteil: Hochwertiger, feiner Wein mit klassischer Noblesse und sublim abgestimmter Balance.

Preisregion: 30 bis 33 Euro

Rebsorten: Merlot, Cabernet Franc

Trinktemperatur: 18°

Schmeckt …: vor dem Servieren dekantiert als Festtagswein zum Hirschrücken

Gesehen bei: Alnatura

Weitere Weine auch bei: Delinat

Château des Gendres, Bergerac

Wein: Bergerac »Cuvée de Conti«
Weinart: trockener Weißwein
Biokontrolle: Agrocert

Bei uns vor allem als die Heimat der Bühnenfigur Cyrano bekannt geworden, hatte die Region Bergerac lange Zeit den Ruf, ein »Hinterhof« des weitaus prestigeträchtigeren Bordeaux zu sein. Nur rund 20 Kilometer östlich von Saint-Émilion beginnend, verfügt dieses Anbaugebiet zwar über vergleichbare Böden sowie ähnliches Klima und Rebsorten wie der berühmte Nachbar, jedoch über kaum etwas von dessen Renommee. Dies änderte sich jedoch schlagartig, als im vergangenen Jahrzehnt immer mehr Weinliebhaber auch hierzulande die Gewächse von Luc de Conti und seines Château des Gendres entdeckten. Die beiden Spitzenprodukte des Guts, der rote und der weiße *Moulin des Dames*, sind mittlerweile zu Lieblingsweinen der internationalen Weinkritik geworden und werden mit Lob überschüttet. Sie haben sich dabei für so manchen Erzeuger im unweit entfernten Bordeaux tatsächlich schon zu so etwas wie einem »Dorn im Auge« entwickelt (oder wie es deren deutscher Importeur ausdrückt: »zu einer unerhörten Provokation teuerster Bordelaiser Nobelgewächse«), kosten sie doch bei einer mit einem gehobenen Cru Classé vergleichbaren Qualität mit circa 20 Euro nur rund die Hälfte bis ein Drittel dessen, was man dort dafür bezahlen müsste. Noch nicht allzu weit bekannt ist hingegen, dass auch bereits die »kleinen« Weine von Luc de Conti, der herzhafte rote *Classique* und die weiße *Cuvée de Conti*, außergewöhnlich viel Trinkfreude bereiten und dabei auf sehr rücksichtsvolle Weise den Geldbeutel schonen.

Verkostung: Frischer, vielfältig aufgeblühter Duft mit leicht pflanzlicher Prägung nach Weißen Johannisbeeren, reifen Birnen, gelben Äpfeln, Zwiebelschalen und Tomatenblättern. Trotz der Frische erstaunlich dicht verwoben und recht saftig am Gaumen. Im Aroma blühen Noten von frischem Pfirsich, Zitrusfrüchten und Brennnessel auf. Runder Nachhall.

Urteil: Für die Preisklasse erstaunlich komplex aufgebaut. Wer gerne fruchtig-rassige Weine à la Sauvignon Blanc trinkt, diese sich aber etwas saftiger und nicht ganz so »spitz« wünscht, der dürfte hier genau richtig liegen.

Preisregion: 7 bis 8 Euro
Rebsorten: Sémillon, Sauvignon Blanc, Muscadelle
Trinktemperatur: 8 – 9°
Schmeckt …: zum Kabeljau mit Senfsauce
Gesehen bei: Pinard de Picard

Südtirol

1 Manincor

Trentino

2 Foradori

Venetien

3 Icaro

4 La Biancara

5 Bosco del Merlo

6 Musaragno

Toskana

7 San Michele a Torri

8 Badia a Coltibuono

9 Riecine

10 Casaloste

11 Corte Pavone

Marken

12 Saladini Pilastri

Sizilien

13 Cantina Foraci

14 Marchesi de Gregorio

Italien

Manincor, Südtirol

Noch bis vor wenigen Jahren konnte man hierzulande allein mit der Nennung des Namens Kalterer See die meisten Weinfreunde in die Flucht schlagen. Dass mittlerweile gut informierte Insider bei dem Gedanken an diese wunderschöne Region in Südtirol jedoch verzückt mit den Augen rollen, liegt zu einem nicht unerheblichen Teil auch am Weingut Manincor, das in traumhafter Lage wenige hundert Meter oberhalb des Sees zu einer Pilgerstätte für Gourmets geworden ist. Graf Goëss-Enzenberg hat hier in den alten Ansitz seiner Familie ein hochmodernes, überaus sehenswertes Kellereigebäude integriert und damit begonnen, seine Weinberge auf die biodynamische Bewirtschaftung umzustellen. Seither kann man auf dem Parkplatz vor der Vinothek täglich viele Autos mit deutschen Kennzeichen sehen, in deren Kofferraum weinkundige Italienurlauber wohlweislich ausreichend Platz für das eine oder andere Weinkistchen neben dem Reisegepäck gelassen haben. Das Weingut Manincor, dessen ungewöhnlicher Name sich von einem alten Wappenmotiv »mit Hand und Herz« ableitet, wird heute vor allem für seine ungemein subtil komponierten Cuvées gerühmt. Nichts an diesen Weinen ist »laut« oder vordergründig, ganz im Gegenteil: Es sind viel eher »intellektuelle« Weinpersönlichkeiten, die einen feinsinnigen Verkoster fordern und ihre ganze Schönheit zunächst fast nur zögerlich preisgeben wollen – und gerade deshalb, wie echte Kunstwerke, umso mehr faszinieren. Auch wenn dadurch nun der eine oder andere Ausflug an den Kalterer See nicht mehr nötig sein sollte, so ist es doch überaus erfreulich, dass meine Südtiroler Lieblingsweine mittlerweile auch in Deutschland erhältlich sind.

Wein: Réserve del Conte
Weinart: trockener Rotwein
Biokontrolle: ABCert

VERKOSTUNG: Bemerkenswert fein aufgefächertes Bukett nach dunklen Kirschen, frischen Waldbeeren, Veilchen sowie Spuren von edlem Leder und feiner Vanille. Trotz angenehmer Fruchtfülle mit geradezu leichter Ansprache und herrlich frischer Transparenz. Sehr duftige Fruchtentwicklung am Gaumen, dazu ein ganz feines Tannin und ausgesprochen subtiles Säurespiel. Wunderbar ausgewogen und ohne jegliche Schwere.

URTEIL: Das Thema dieses Weins ist Balance, Balance, Balance.

PREISREGION: 11 bis 13 Euro

REBSORTEN: Lagrein, Cabernet, Merlot

TRINKTEMPERATUR: 16–17°

SCHMECKT …: zu sehr feinen Fleischgerichten wie Kalbfiletmedaillons, köstlich aber auch zu gebratenen Steinpilzen

GESEHEN BEI: K&U Weinhalle

FORADORI, TRENTINO

Elisabetta Foradori hat fast im Alleingang die Renaissance der Teroldego-Rebe vollbracht. Diese uralte, bereits im Jahr 1383 erstmals urkundlich erwähnte oberitalienische Sorte hatte einstmals einen guten Ruf und wurde an den Fürstenhöfen Süddeutschlands, Österreichs und des vorderen Balkanraums hoch geschätzt. Im 20. Jahrhundert verschwand dann aber der Teroldego immer mehr aus dem Blickfeld der Kenner. Die bei der im Trentino weithin üblichen – zwar romantisch anzuschauenden, der Qualität aber wenig förderlichen – Pergola-Erziehung zu großen Erträgen neigende Rebsorte erbrachte lange Zeit nur noch einfache, hellrote und recht dünne Weine. Erst Elisabetta Foradori, eine gleichermaßen charmante wie willensstarke Winzerin aus der Rotaliano-Ebene, einer anmutigen Region zu Füßen der Dolomiten rund 20 Kilometer nördlich von Trient an der Mündung des Nocetals ins Etschtal, entdeckte in den achtziger Jahren das Potenzial dieser Sorte neu, von der es einstmals hieß, dass sie Weine von der Statur großer Bordeaux erbringen könne. Ihr nur in besonders guten Jahren erzeugtes Spitzengewächs *Granato* gilt heute als einer der Kultweine Norditaliens, doch bereits der »normale« *Teroldego Rotaliano* zeigt eindrücklich, was bei niedrigem Ertrag und qualitätsbewusstem An- und Ausbau in dieser Sorte steckt. 2003 begann Foradori mit der Umstellung auf die biodynamische Wirtschaftsweise, die daraufhin eingeleitete Zertifizierung wird mit dem Jahrgang 2009 abgeschlossen sein.

WEIN: Teroldego Rotaliano
WEINART: trockener Rotwein
BIOKONTROLLE: CODEX (Umstellung bis 2009)

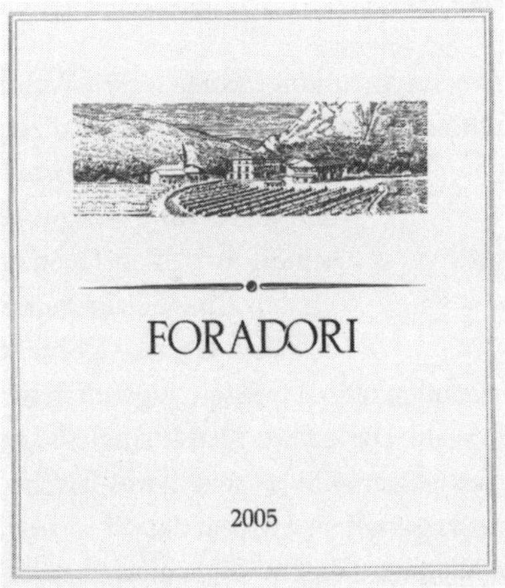

VERKOSTUNG: Duftige, einladende und gleichzeitig vielschichtige Frucht im Bukett nach dunklen Himbeeren, Kirschsaft, Rosen und einer feinen, frischen Kräuternote. Das Ganze sehr dezent rauchig unterlegt. Hochelegante Ansprache und feminine Rasse auf der Zunge. Präsentes, aber gezähmtes Tannin. Erfrischendes Säurespiel. Ausgewogener, nicht zu schwerer Körper. Angenehme Vanillenoten im langen, animierenden Nachhall.

URTEIL: Ein Teroldego, der jegliche Rustikalität, nicht aber seine Identität verloren hat. Ein Gentleman unter den Trentiner Weinen, geformt von den Händen einer Lady.

PREISREGION: 14 bis 15 Euro
REBSORTEN: Teroldego
TRINKTEMPERATUR: 17°
SCHMECKT ...: zu Kalbsnierenbraten
GESEHEN BEI: Pinard de Picard, K&U Weinhalle, FUB, Wein & Glas

Icaro, Venetien

Wein: Soave »Sirio«
Weinart: trockener Weißwein
Biokontrolle: ICEA

Zugegeben, manchmal verlangt es auch den Weinkenner nach einem einfachen, sauberen Durstlöscher ohne allzu großen Ausdruck oder gar Anspruch. Ein Wein, den man für wenig Geld als Erfrischung an heißen Tagen oder als Tischgetränk für einen lockeren Nachmittag auf der Terrasse gerne öffnet, ohne groß darüber nachdenken zu müssen. Eigentlich wäre der Soave hier eine ideale Wahl. Die leichte, unaufdringliche Art der Garganega-Traube, das charmante, dezent floral-frische Aroma, der unkomplizierte, zugängliche Stil und der oft recht günstige Preis könnten diese Weine zu einem angenehmen Alltagstrunk machen. Die Wahrheit sieht aber leider so aus, dass gerade im Basis-Preissegment hier häufig nur industrielle Massenweine ohne jeglichen Ausdruck im Angebot sind, oft nicht wirklich reintönig und statt leicht schlichtweg dünn. Bedauerlicherweise machen dabei sogar so manche Billig-Bio-Soave aus dem Supermarktregal keine Ausnahme. Deshalb bin ich überaus erfreut darüber, mit dem *Sirio* der Gebrüder Fasoli einen Soave gefunden zu haben, der dem oben beschriebenen Idealbild eines ordentlichen, günstigen Alltagsweins recht nahekommt. Natalino und Amando Fasoli zählen zu den anerkannten Toperzeugern im Veneto. Neben den Gewächsen aus eigenen Rebgärten keltern sie auch noch eine Reihe sehr ordentlicher Tischweine aus zugekauften Trauben von benachbarten Biowinzern unter dem »Icaro«-Etikett. Der Soave dieser Linie stammt aus den Weinbergen ihres Cousins – es bleibt damit quasi alles in der Familie.

Verkostung: Zarter Duft nach Kamillenblüten. Ordentlicher Fruchtausdruck nach gelben Äpfeln am Gaumen und eine für diese Weinart auffallend frische und feine Säure. Ausgesprochen zugänglich und unbeschwert.

Urteil: Korrekter, einfacher Durstlöscher, für den man sich aber nicht zu schämen braucht.

Preisregion: 5 bis 6 Euro

Rebsorten: Garganega

Trinktemperatur: 7°

Schmeckt …: zu Salaten, Antipasti – oder einfach nur so … und im Sommer durchaus auch mit einem Spritzer Mineralwasser

Gesehen bei: Alnatura, Basic

La Biancara, Venetien

Wein: Sassaia
Weinart: trockener Weißwein
Biokontrolle: -

Angiolino Maule stellt das übliche Bild des Veneto auf den Kopf, gilt diese Region doch oft als Herkunft für eher langweilige Massenweine aus industrieller Erzeugung. Beim Besuch in seinem nur rund neun Hektar Rebfläche umfassenden, im Hügelland der Monti Lessini zwischen Verona und Vicenza gelegenen Weingut La Biancara kann man dieses Vorurteil schnell vergessen. Natürlicher, individueller und spannender dürften wohl keine anderen Weißweine dieses Anbaugebiets sein. Wer deshalb von einem Garganega, also jener Rebsorte, aus der auch der bekannte Soave gekeltert wird, nur einen frischen Durstlöscher erwartet, der ist hier sicher an der falschen Adresse. Maule sieht seine Weine als Früchte der Erde, die durch die Hand des Menschen zwar transformiert, aber keinesfalls beeinflusst oder verändert werden dürfen. Er ist der Überzeugung, dass alles, was seine Gewächse brauchen, um Weinliebhaber mit offenen Sinnen zu beeindrucken, bereits von der vulkanischen Erde seiner Rebgärten geliefert wird. Um diese ganz eigenständige Mineralität in den Weinen zum Ausdruck zu bringen, wurden seine Weinberge seit Anfang der neunziger Jahre nicht mehr gedüngt und nach biodynamischen Prinzipien (allerdings nicht zertifiziert) bearbeitet. Der Respekt vor der naturgegebenen Frucht setzt sich jedoch auch im Keller fort, wo weder Temperaturkontrolle während der Gärung noch Schwefeleinsatz während des Ausbaus zum Einsatz kommen und unfiltriert und ungeschönt abgefüllt wird. Das Ergebnis sind »pure« Weine im besten Sinne des Wortes, die sicherlich nicht nach jedermanns Geschmack sind – aber das wollen sie auch gar nicht sein.

Verkostung: Bereits die tiefgoldene Farbe, das trübe Kleid und die satte Textur sind außergewöhnlich. Hefig-mineralischer Duft nach gelben Äpfeln, Quitten und Kamille, dezent rauchig unterlegt (typisch für Vulkanböden!). Straffe, frische Ansprache und kernige Mineralität am Gaumen. Hochkomplexes Spiel und faszinierende »innere« Rasse. Im Nachhall Aromen von Melonenschale und Frühlingsblüten. Veneto »unplugged«.

Urteil: Wer fähig ist, sich auf eine ungebrochene, eigene Weinpersönlichkeit einzulassen, der wird hier für gar nicht so viel Geld ein Erweckungserlebnis finden. Wer aber einen italienischen Tischwein für die Gartenparty sucht, der liegt hier falsch.

Preisregion: 11 bis 13 Euro
Rebsorten: Garganega, Trebbiano
Trinktemperatur: 9°
Schmeckt …: zu gegrilltem Branzino mit Olivenöl und Zitronensaft
Gesehen bei: K&U Weinhalle

Bosco del Merlo, Venetien

Wein: Prosecco del Veneto »Bosco del Merlo«
Weinart: trockener Perlwein
Biokontrolle: ICEA

Es gibt wohl kaum einen anderen Wein auf dem deutschen Markt, bei dem Beliebtheit und tatsächliche Qualität so weit auseinanderliegen können wie beim Prosecco. Die Fachleute sind sich einig darüber, dass das meiste, was hierzulande unter dieser Bezeichnung konsumiert wird, auf dem Anspruchsniveau von »Kellergeister« angesiedelt ist. Dabei kann ein guter Prosecco durchaus ein leckerer, anregender Wein sein. Es lohnt sich also, genauer hinzuschauen. Gerade die billigen Versionen dieses üblicherweise als »Frizzante«, also Perlwein, erzeugten Produkts werden oft durch das bloße Versetzen mit Kohlensäure hergestellt. Bessere Frizzante-Qualitäten haben hingegen eine kurze zweite Gärung im Drucktank durchlaufen. Auch muss ein Prosecco keinesfalls immer jenes oft penetrante Pfirsicharoma aufweisen, das durch die nicht selten unharmonische Süße noch prägnanter hervortritt. Allerdings sollte man für einen gehobenen Prosecco dann auch bereit sein, den einen oder anderen Euro mehr zu investieren. Wer also von der üblichen Industriebrause genug hat, der dürfte durch den Prosecco aus dem Keller der Familie Paladin vielleicht wieder mit dieser Weinart versöhnt werden. Das große, renommierte Bioweingut erzeugt zahlreiche gute Weine, die auf internationalen Verkostungen mit Auszeichnungen überhäuft werden. Die Basisqualitäten werden dabei unter dem »Paladin«-Etikett abgefüllt, für die gehobenen Weine des Hauses ist die Marke *Bosco del Merlo* vorbehalten.

Verkostung: Sehr zarter, eher zurückhaltender Duft nach weißen Blüten und gelben Äpfeln. Für einen Frizzante überraschend lebhaftes Kohlensäurespiel, allerdings mit kleinen Bläschen und ordentlich eingebunden. Leichtgewichtig sowie ungewöhnlich frisch und trocken auf der Zunge.

Urteil: »Prosecco für Erwachsene«: zurückhaltende Frucht statt Bonbonaroma.

Preisregion: 9 bis 11 Euro

Rebsorten: Prosecco

Trinktemperatur: 7°

Schmeckt …: zum Sonntagsfrühstück! Aber auch als Begleiter zu venezianischen Antipasti, vor allem wenn Meeresfrüchte im Spiel sind

Gesehen bei: Alnatura, Basic

Weitere Weine auch bei: Delinat

MUSARAGNO, VENETIEN

WEIN: Cabernet Franc Lison Pramaggiore
WEINART: trockener Rotwein
BIOKONTROLLE: ICEA

Das kleine Anbaugebiet Lison Pramaggiore hatte es nicht leicht, sich zu positionieren. Im Süden grenzt es an die weiten Ebenen von Piave, einer Region, die eher für billigen Massenwein bekannt ist, im Norden wird es von Grave del Friuli umfasst, dem größten Bereich Friauls, dessen Pinot Grigios weltweit für diese Weinart quasi als exemplarisch gelten. Doch mit einer starken Fokussierung auf den biologischen Weinbau haben es die Winzer rund um die Stadt Portugruaro im Nordosten von Venedig geschafft, sich eine sehr interessante Marktnische zu sichern. Mit über 600 Hektar ist hier rund ein Viertel der Gesamtrebfläche für die biologische Weinerzeugung reserviert – eine Zahl, die sonst in keiner anderen Region in Italien auch nur annähernd erreicht wird. Doch mit der ökologischen Ausrichtung allein ist es freilich nicht getan, man muss das daraus erwachsene Potenzial auch in Weine von hoher Qualität umzusetzen wissen. Das Weingut der Geschwister Paola und Moreno Musaragno ist neben einigen anderen guten Erzeugern in diesem Sinne ein Vorzeigebetrieb. Das Gut wurde 1972 von ihrem Vater, einem vermögenden Bauunternehmer, gegründet und ab 1999 als Bioerzeuger zertifiziert. Egal ob nun Cabernet, Merlot, Pinot Grigio oder Sauvignon Blanc: Hier findet man sehr angenehme Gewächse, die sich mit Sortencharakter und gehaltvoller Präsenz wohltuend von den gerade in Venetien so häufig anzutreffenden belanglosen Schlabberweinen dieser Sorten unterscheiden. Hier versteht man, warum diese Tropfen früher selbst von den Dogen in Venedig hoch geschätzt wurden.

Verkostung: Frische Frucht im Duft nach Johannisbeeren und Brombeeren, ganz dezent von einer für die Rebsorte typischen, leicht pflanzlichen Note nach grüner Paprika und grünen Bohnen unterlegt. Schöne Balance und Transparenz auf der Zunge, nicht zu schwer im Aufbau. Das Tannin ist unaufdringlich, sorgt aber dennoch für Frische.

Urteil: Ein sehr guter täglicher Tischwein, dem es trotz seines leichteren Gewichts an nichts fehlt.

Preisregion: 6 bis 7 Euro

Rebsorten: Cabernet Franc

Trinktemperatur: 15–16°

Schmeckt ...: als mediterraner Schoppen durchaus auch zu deutscher Hausmannsküche, besonders lecker z. B. zu Rindsrouladen

Gesehen bei: Alnatura

Weitere Weine auch bei: Karstadt

San Michele a Torri, Toskana

Nur rund 15 Kilometer von Florenz entfernt hat sich Paolo Nocentini einen Lebenstraum erfüllt. Der erfolgreiche Florentiner Fuhrunternehmer investierte sein Vermögen in eine alte Villa mit Weinbergen und Olivenhainen, nicht zuletzt auch, um hier ein Stück traditioneller Toskana vor der grassierenden Grundstücksspekulation zu schützen. In kurzer Zeit entstand ein landwirtschaftlicher Musterbetrieb: Die alte Villa wurde stilgerecht renoviert, die Felder wieder mit den traditionellen Feldfrüchten bestellt. Eine kleine Bäckerei backt nach alter Art Brot aus Hartweizen, auf dem Dachboden werden in den Holzgestellen wieder Trauben für Vinsanto getrocknet. Die Rebgärten des Weinguts liegen im Grenzbereich zwischen den Zonen für Chianti Colli Fiorentini und dem Chianti Classico. Somit kann der Betrieb Weine aus beiden Appellationen anbieten, was eine vergleichende Verkostung besonders interessant macht. Bemerkenswert ist auch, dass Paolo Nocentinis wohlverstandenes Traditionsbewusstsein und seine spürbare Heimatliebe sich auch auf ein etwas ins Abseits geratenes, aber in der Tradition fest verwurzeltes Detail der toskanischen Weinkultur erstreckt, nämlich die klassische mit Bast ummantelte Fiasco-Flasche. Während man heute damit leider meist eher Billigweine als Touristensouvenirs verkauft, wurde diese Flasche im Spätmittelalter gerade bei sehr feinen Gewächsen genutzt, um diese vor Stößen und Bruch zu schützen. San Michele füllt nun wieder einen interessanten Chianti Colli Fiorentini in diese Flaschen ab, den man auch in Deutschland hier und da finden kann. Flächendeckend hingegen ist der charaktervolle Chianti Classico zu haben.

Wein: Chianti Classico »Tenuta la Gabbiola«
Weinart: trockener Rotwein
Biokontrolle: CCPB

Verkostung: Klassischer, unverkennbarer Kirschduft, mit würzigen Anflügen von Piniennadeln und Wildkräutern unterlegt. Charaktervoller, herzhafter Körper mit gewissem »Biss« und prononciertem, aber auffallend feinkörnigem Tannin. Im Nachhall an Amarenakirschen und Marzipan erinnernd.

Urteil: Ein eher maskuliner, herzhafter Chianti der »alten Schule«, also keinesfalls ein kosmopolitischer Gaumenschmeichler, sondern mit unverkennbarer Regionalprägung.

Preisregion: 12 bis 13 Euro

Rebsorten: Sangiovese, Colorino, Canaiolo

Trinktemperatur: 17°

Schmeckt …: zu kräftig gewürzten toskanischen Gerichten wie geschmortem Kaninchen mit Kräutern oder zu einem Bollito misto, also einem deftigen Eintopf mit Gemüse und verschiedenen Fleischsorten

Gesehen bei: Basic, Alnatura

Badia a Coltibuono, Toskana

Wein: Chianti Classico Riserva
Weinart: trockener Rotwein
Biokontrolle: ICEA

Badia a Coltibuono zählt ohne Frage zum absoluten Hochadel des toskanischen Weins. Das 1051 als »Abtei der guten Ernte« von Benediktinermönchen angelegte Landgut nur auf den Weinbau zu reduzieren wird dem Anwesen der Familie Stucchi Prinetti jedoch nicht gerecht. Das mittelalterliche Gut im Herzen der Chianti-Region ist vielmehr ein landwirtschaftliches Gesamtkunstwerk, zu dem neben dem Weinbau auch die Erzeugung von feinem Olivenöl, ein gutes Restaurant und wunderschöne Gästezimmer gehören. Nach der Säkularisation unter napoleonischer Herrschaft fiel Badia a Coltibuono 1846 an den Florentiner Bankier Michele Giuntini, dessen Nachfahren bis heute Besitzer des Guts sind. Mit bemerkenswerter Konsequenz ist man sich in dieser Familie der historischen Verantwortung bewusst, die das Eigentum an solch einer Anlage mit sich bringt. Der Erhalt nicht nur von Bausubstanz, sondern ebenso der umgebenden Landschaft, auch für kommende Generationen, ist hier eine wichtige Selbstverpflichtung. Deshalb war es auch nur konsequent, Anfang der neunziger Jahre die Bewirtschaftung des Guts auf nachhaltige und ökologische Prinzipien umzustellen. Begonnen wurde zunächst mit den Olivenhainen, bis zur Jahrtausendwende wurden dann auch alle Rebgärten mit einer Fläche von rund 70 Hektar abschließend diesem Prozess unterzogen. Wer dieses vorbildliche Landgut einmal kennengelernt hat, der wird sich des Eindrucks nicht mehr entziehen können, dass man beim Genuss der international überaus renommierten und gefragten Weine auch den Widerhall der fast tausendjährigen Geschichte im Glas zu spüren scheint.

VERKOSTUNG: Komplexer, nobler und distinguierter Duft nach Gewürzkirschen, Zwetschgen und Johannisbeersaft und Veilchen. Ungemein frisch und lebhaft im Geschmack. Trotz der hohen Konzentration fast ohne Schwere scheint der Wein geradezu zu »schweben«. Selbstbewusstes Spiel von reifer Weinsäure und Tannin sorgt für aufrechte Struktur. Ungemein vielschichtige Aromenausprägung am Gaumen. Feinwürziger Nachhall.

URTEIL: Von den mit am höchsten gelegenen Weinbergen des Anbaugebiets stammend, ist dies ein großer Klassiker des Chianti, dessen würzige Frische geradezu nach einem begleitenden Essen verlangt.

PREISREGION: 22 bis 24 Euro

REBSORTEN: Sangiovese, Canaiolo

TRINKTEMPERATUR: 17°

SCHMECKT ...: perfekt zum Bistecca alla fiorentina, also dem berühmten T-Bone-Steak nach Florentiner Art

GESEHEN BEI: Mövenpick

RIECINE, TOSKANA

WEIN: Chianti Classico Riserva
WEINART: trockener Rotwein
BIOKONTROLLE: ICEA

Vielleicht hat es ja gerade ein Ausländer, ein Engländer, sein müssen, der zu Beginn der siebziger Jahre damit begann, in Chianti gegen den Strom zu schwimmen. In Zeiten, als die Region ihren Ruf mit hohen Erträgen und niedrigen Qualitäten zu ruinieren begann, kaufte John Dunkley mit seiner italienischen Frau einen winzigen, damals gerade einmal 1,5 Hektar großen Weinberg in direkter Nachbarschaft zu Badia a Coltibuono. Während ringsherum ebenso zahl- wie niveaulose Massenweine erzeugt wurden (die sich insbesondere auch auf dem deutschen Markt sehr lohnend verkaufen ließen), setzte Dunkley mit seinem Gut Riecine von Anfang an auf konzentrierte, hochelegante Gewächse für erfahrene Kenner. Dabei lag es ausgerechnet dem Briten besonders am Herzen, die ursprüngliche und unverfälschte Qualität des Chianti wiederzufinden und weiterzuentwickeln. Dieser Philosophie blieb er auch treu, als die Toskana sich mehr und mehr den internationalen Sorten öffnete und viele Rotweine mit Anteilen von Cabernet Sauvignon, Merlot oder Syrah »verbessert« wurden. In den Chiantis von Riecine war nie etwas anderes und wird auch wohl nie etwas anderes sein als Sangiovese-Trauben allerhöchster Qualität. Ein legendärer Ausspruch Dunkleys hierzu lautete: »Erst wenn Baron Philippe de Rothschild anfängt, Sangiovese anzupflanzen, werde auch ich mit Cabernet Sauvignon beginnen.« Daran änderte sich auch nichts, als das ökologisch geführte Gut 1996 in die Hände des Amerikaners Gary Baumann überging, der sich ganz offensichtlich als ein treuer Bewahrer von Dunkleys kompromissloser Qualitätsphilosophie versteht.

Verkostung: Hochfeines Bukett, sich zunächst nur zögerlich öffnend (dekantieren!), dann jedoch hochkomplex aufgefächert nach Preiselbeeren, Gewürzkirschen, eingelegten Pflaumen, Weihrauch, Rosmarin und Piniennadeln. Gleichzeitig konzentriert und straff begrenzt auf der Zunge sowie mit markant würzigem Kern im an Rote Johannisbeeren erinnernden Fruchtkörper. Präzise strukturiert und trotz der Reife mit subtilem, belebendem Säurespiel. Reicher und vollreifer Nachhall nach Beerenkompott, Vanille, Mahagoni und Nelkenpfeffer.

Urteil: Als Musterbeispiel einer klassischen, großen Riserva ein echter Festtagswein!

Preisregion: 29 bis 33 Euro

Rebsorten: Sangiovese

Trinktemperatur: 17°

Schmeckt …: geradezu fürstlich zum Filetsteak Rosini, also mit Trüffel und Geflügelleber serviert

Gesehen bei: K&U Weinhalle, FUB, Wein & Glas

Casaloste, Toskana

Goldmedaillen bei internationalen Prämierungen, hohe Noten in den weltweit einflussreichsten Weingazetten wie *Decanter, Wine Spectator, Alles über Wein* und in Robert Parkers *Wine Advocate,* Höchstbewertungen der führenden italienischen Guides *Veronelli* und *Gambero Rosso* – Giovanni Battista d'Orsis Weingut Casaloste hat längst den Statuts eines Geheimtipps hinter sich gelassen und genießt unter Kennern einen internationalen Ruf. Das ist umso erstaunlicher, da diese Erfolgsgeschichte gerade mal etwas über eineinhalb Jahrzehnte alt ist. Erst zu Beginn des Jahres 1993 erwarb der aus Neapel stammende d'Orsi das kleine Landgut bei Panzano im Herzen der Chianti-Classico-Region. Andererseits hatte der studierte Agrarwissenschaftler von Anfang an eine klare Vision. Zum einen setzte er von Beginn an auf ökologische Bewirtschaftung, zum anderen stellte er sich eine Selbstbeschränkung auf: »Essere piccoli per fare grandi vini«, lautete sein Motto, »sei klein, um große Weine zu machen«. Das südlich von Greve gelegene Gut umfasst heute rund 19 Hektar, wobei jedoch nur 10,5 Hektar zur Produktion von Chianti Classico genutzt werden. Auf den übrigen Flächen werden unter anderem auch Olivenbäume gepflegt, von denen man auf Casaloste ein köstliches Öl erzeugt. Die selbst gewählte überschaubare Größe des Betriebs bedeutet für Giovanni d'Orsi vor allem, dass er selbst noch einen direkten Bezug und unmittelbare Kontrolle über alle Abläufe im Weingut, vom Rebschnitt über Laubarbeiten bis zur Ernte, der Vinifikation und dem Ausbau, hat. Neben seinen bekannten, feinen Chiantis erzeugt d'Orsi auch einen preiswerten Rosso als Einstiegswein.

Wein: Rosso Maniero
Weinart: trockener Rotwein
Biokontrolle: ICEA

Verkostung: Bukett nach Waldbeeren, Kirschkompott und Lorbeer. Ein balancierter, nicht allzu schwerer Körper mit viel Frische und Spiel. Überraschend selbstbewusst strukturiert für einen Basiswein. Charaktervolle Würze im Nachhall.

Urteil: Ganz erstaunliche Weinpersönlichkeit angesichts des moderaten Preises, weit entfernt davon, nur ein unbekümmerter Alltagswein zu sein – und dennoch absolut alltagstauglich!

Preisregion: 10 bis 12 Euro

Rebsorten: Sangiovese, Cannaiolo

Trinktemperatur: 17°

Schmeckt …: zu Saltimbocca besonders gut, eignet sich aber auch zu Pizza und Pastagerichten mit Tomatensauce

Gesehen bei: Basic

Weitere Weine auch bei: Alnatura

CORTE PAVONE, TOSKANA

WEIN: Rosso di Montalcino
WEINART: trockener Rotwein
BIOKONTROLLE: AIAB

Rainer Loacker ist eine der bemerkenswertesten Persönlichkeiten der ökologisch orientierten Weinszene in Italien. Mit unermüdlichem Einsatz betreibt er bereits seit 1979 den biologischen Weinbau auf seinem Gut in Südtirol, dem in den Weinbergen oberhalb von Bozen gelegenen Schwarhof. Besonderen Wert legte der gelernte Drogist dabei von Anfang an auf den Einsatz homöopathischer Präparate zur Stärkung der natürlichen pflanzlichen Abwehrkräfte. Ab Mitte der neunziger Jahre erwarb der Biowein-Pionier dann noch zwei weitere Güter in der Toskana, eines in der Maremma nahe der Küste, eines in den Hügeln von Montalcino, die beide ebenfalls umgehend auf die biologische Bewirtschaftung umgestellt wurden. In letzterem Betrieb, der Tenuta Corte Pavone, wird ein sehr guter *Brunello di Montalcino* als Riserva mit langer Fasslagerdauer erzeugt. Dieser erlesene und dementsprechend hochpreisige Spitzenwein hat aber mit dem *Rosso di Montalcino* auch einen »kleinen Bruder«, der vor allem Weinliebhaber interessieren dürfte, die trotz etwas schmalerem Geldbeutel nicht auf gehobenes Niveau verzichten wollen. Dieser Rosso wächst in ähnlich guten Lagen wie der Spitzenbrunello auf den Galestro genannten, kalkhaltigen Tonböden, verbleibt jedoch nur ein Jahr im Fass, während der noblen Riserva vier Jahre dieses Ausbaus zukommen. Gute Rossos – und dies ist sicherlich einer davon – gelten unter Kennern als Geheimtipps in der Toskana, da sie das Terroir von Montalcino unverkennbar widerspiegeln, aber deutlich früher trinkreif werden, deutlich zugänglicher und vor allem deutlich günstiger sind als die großen Brunellos.

Verkostung: Tiefer Duft nach Schwarzkirschen, verwoben mit dezenten Gewürz- und Piniennoten und fein umspielt von einer noblen Vanillespur. Saftige Ansprache mit feiner Fruchtsüße, dann aber kommt die typische, herzhafte Struktur, wie man sie vom Brunello her kennt, zum Tragen. Deutliches, aber feinkörniges Tannin.

Urteil: Ein ausgesprochen charaktervoller Rotwein mit selbstbewusster Persönlichkeit. Eher für Kenner als für Novizen der italienischen Genusskultur geeignet.

Preisregion: 13 bis 15 Euro

Rebsorten: Sangiovese grosso

Trinktemperatur: 17°

Schmeckt …: zu Ochsen-Ribeye-Steak vom Grill, Hirschsteaks mit schwarzen Oliven

Gesehen bei: Alnatura

Saladini Pilastri, Marken

Hinter »den sieben Bergen« könnte man sagen, also durch den Apenninenhauptkamm von den weitaus berühmteren Lagen der Toskana und Umbriens abgeschieden, lag das Anbaugebiet der Marken lange Zeit außerhalb des Gesichtsfelds der Weinkenner. Mittlerweile kann man aber nicht mehr übersehen, dass hier eine Handvoll überaus engagierter Erzeuger die Region zu einem der interessantesten Orte für Schnäppchenjäger in Italien hat werden lassen. Allen voran gilt Saladini Pilastri hier als der Vorzeigebetrieb. Obgleich die weinbaulichen Wurzeln der Betreiberfamilie mindestens 300 Jahre zurückreichen, begann man hier erst in den neunziger Jahren mit der Abfüllung unter eigenem Etikett. Die von Anfang an in ökologischem Anbau erzeugten Saladini-Pilastri-Weine eroberten sich dann jedoch rasend schnell einen Platz in zahlreichen Kellern cleverer Weinliebhaber – ganz einfach weil sie ein herausragendes Preis-Genuss-Verhältnis aufweisen. Während die Preise der Kultweine in der Toskana in immer neue Höhen klettern, ist hier selbst das Spitzengewächs, der Rosso aus der Lage *Vigna Monteprandone*, für immer noch sage und schreibe rund 10 Euro zu haben. Angesichts der Tatsache, dass dieser Wein regelmäßig internationale Spitzenbewertungen, z. B. von Robert Parker, *Decanter* und dem *Gambero Rosso* (hier auch schon die begehrte Höchstnote »drei Gläser«), erhält, ein geradezu sensationell niedriger Preis. Rund zehn Kilometer von der Adria entfernt gewachsen, wirkt das nahe Meer als Klimaregulator zu den heißen Sommern und sorgt dafür, dass die Weine zwar stets dicht und konzentriert sind, dennoch aber keinesfalls breit oder gar »marmeladig« erscheinen.

Wein: Rosso Piceno Superiore »Vigna Monteprandone«
Weinart: trockener Rotwein
Biokontrolle: IMC

Verkostung: Herrlich saftig-tiefer Duft nach Brombeeren, Cassis, dunkler Schokolade, schwarzen Oliven und einer Spur Vanille. Körperreich und sehr dicht am Gaumen, das feinkörnige Tannin ist sehr gut verpackt, dennoch durchaus gut strukturiert. Trotz der generösen Fülle sehr ausgewogen. Warmer, aber keinesfalls alkoholischer Nachhall.

Urteil: Ein hochwertiger, charaktervoller und durchaus zeitgemäßer Italiener, dennoch mit traditioneller »Bodenhaftung«.

Preisregion: 10 bis 12 Euro

Rebsorten: Montepulciano, Sangiovese

Trinktemperatur: 18°

Schmeckt …: zu Wildschweingulasch oder zu reifem Taleggio-Käse

Gesehen bei: K&U Weinhalle, Mövenpick, Pinard de Picard

Weitere Weine auch bei: FUB

Cantina Foraci, Sizilien

Wein: Nero d'Avola »Vinifera Linea Autochthona«
Weinart: trockener Rotwein
Biokontrolle: BCS

An der großen Kellerei Foraci kann man sehr gut das Umdenken im sizilianischen Weinbau erkennen, der sich in den vergangenen zwei Jahrzehnten vom Massenweinbau auf niedrigstem Niveau hin zur Erzeugung von zahlreichen hochinteressanten Gewächsen mit tollem Preis-Genuss-Verhältnis entwickelt hat. Früher war dieser Betrieb auf die Herstellung von Traubenmostkonzentrat spezialisiert, heute betreibt man auf den eigenen, rund 75 Hektar umfassenden Rebflächen im Westen der Insel den Bioweinbau. Einher mit der Renaissance Siziliens als Qualitätsanbaugebiet geht auch die aufsteigende Popularität des Nero d'Avola, einer uralten sizilianischen Rebsorte, die als eine der hoffnungsvollsten Wiederentdeckungen in Süditalien gilt. Die aus dieser Traube gekelterten Weine hüllen die südliche Kraft und Würze in ein samtig-fruchtiges Kleid und bewahren auch bei internationalem Ausbaustil im Barrique ihre unverkennbare Identität. Für den deutschen Markt gibt es von Foraci einen sehr elegant ausgestatteten Wein dieser Sorte unter dem Label Vinifera. Hinter dieser Serie verbirgt sich ein klug gemachtes Konzept von schmackhaften und recht günstigen Bioweinen für den täglichen Genuss, die aus regionalen autochthonen, also natürlich angestammten, Rebsorten erzeugt und unter Aufsicht der BCS-Kontrollstelle von einer Privatkellerei am Bodensee abgefüllt und vertrieben werden.

Verkostung: Rundes Aroma nach Gewürzkirschen und einer Spur Bitterschokolade. Warmer und reicher, aber nicht überladener Körper mit gewisser unaufdringlicher Würze am Gaumen.

Urteil: Ein sorgfältig vinifizierter Tischwein für die kalte Jahreszeit, erfreulicherweise nicht ganz so alkoholstark wie manch andere Vertreter dieser Sorte.

Preisregion: 5 bis 7 Euro
Rebsorten: Nero d'Avola
Trinktemperatur: 17°
Schmeckt …: zu Pasta mit Wildragout oder Chili con Carne
Gesehen bei: Alnatura

Marchesi de Gregorio, Sizilien

Wein: Villa Dorata »La Magia«
Weinart: trockener Rotwein
Biokontrolle: Suolo e Salute

Seit 1730 betreibt die Familie der Marchesi de Gregorio Landwirtschaft auf ihrem Gut Sirignano, das wie ein kleines Dorf einsam auf einer Hügelkuppe in der Region Alcamo, rund 40 Autominuten südwestlich von Palermo entfernt, liegt. Die qualitative Renaissance des Weinbaus ist auf diesem Anwesen – ähnlich wie an vielen anderen Orten Siziliens – jedoch deutlich jünger. Erst nach der Jahrtausendwende kamen hier die Investitionen in zeitgemäß strukturierte Rebanlagen und eine moderne Kellerei zum Tragen, doch mittlerweile bringt das Wiedererwachen des Qualitätsweinbaus an dieser Stelle schmackhafte Früchte. Auf 70 Hektar ökologisch bewirtschafteter Rebfläche wurde der Sortenspiegel dabei klug erweitert. So hat man die in dieser Region traditionelle Weißweinsorte Catarratto mit etwas aromatischeren Reben wie Inzolia und Grecanico, aber auch dem Global Player Chardonnay ergänzt und kann daraus nun erstaunlich frische Weine mit feinfruchtigem Ausdruck keltern. Gleiches ist der Fall bei den blauen Sorten, wo dem herzhaften Nero d'Avola durch Cabernet Sauvignon und Merlot etwas von seiner Rustikalität genommen wird. Die unter dem Label Villa Dorata abgefüllten Gewächse werden für Deutschland exklusiv vom Schweizer Versender Delinat vertrieben, und vor allem die beiden Basisweine, sowohl weiß als auch rot, haben mittlerweile aufgrund ihres fairen Preis-Genuss-Verhältnisses viele Liebhaber gewonnen. Etwas exklusiver, aber immer noch keinesfalls teuer ist dann die Abfüllung *La Magia*, die durch den Barriqueausbau und die deutlich höhere Konzentration für einige Jahre der Flaschenreife prädestiniert zu sein scheint.

Verkostung: Würzig-vollreifer Duft nach Bitterschokolade, Dörrzwetschgen und eingelegten Kirschen. In der Ansprache mit reicher Würze, aber gezähmter Gerbsäure. Körperreich und mit warmer Fülle am Gaumen sowie mit ausgesprochen pikanter Frucht. Im Nachhall deutliche Gewürznoten und ein fast ein wenig an Portwein erinnerndes Aroma nach Rumtopf.

Urteil: Feuer und Würze gepaart – für neblige Herbsttage und nasskalte Winterabende prädestiniert.

Preisregion: 14 bis 16 Euro
Rebsorten: Nero d'Avolo, Cabernet Sauvignon, Merlot
Trinktemperatur: 18 – 19°
Schmeckt ...: zu Blauschimmelkäsen wie Gorgonzola
Gesehen bei: Delinat

1 Tsantali

Griechenland

TSANTALI, MAKEDONIEN

WEIN: Vin de Pays Mount Athos »Agathon«
WEINART: trockener Rotwein
BIOKONTROLLE: DIO

Der Name Tsantali dürfte den meisten Griechenlandurlaubern wohl bekannt sein. Zumindest in Nordgriechenland, also vor allem in der beliebten touristischen Region von Chalkidiki, gibt es kaum ein Restaurant oder eine Taverne, wo die Weine dieser renommierten, in der Nähe Thessalonikis angesiedelten Kellerei nicht zu finden sind. Interessant dabei ist, dass dieser Betrieb neben einfachen, ordentlichen Tischweinen aus zugekauften Trauben ebenso Wert legt auf die Erzeugung feinerer Gewächse für gehobene Ansprüche. Die Trauben für letztere Kategorie stammen überwiegend von eigenen Rebflächen, und diese werden zunehmend auch nach ökologischen Richtlinien bewirtschaftet. Tsantali gilt dabei als ein Vorzeigebetrieb des neuen, überaus beachtenswerten griechischen Weinbewusstseins, das sowohl auf den Erhalt der uralten, angestammten Rebsorten als auch auf zeitgemäße, internationale Vinifizierungs- und Ausbaumethoden setzt. Ein besonderes Juwel ist in diesem Sinne die Kooperation mit dem Kloster Panteleimon am Berg Athos, also in jener etwas kuriosen autonomen Mönchsrepublik, deren Zugang für Frauen bis heute verboten ist. Der Vater des heutigen Inhabers von Tsantali soll hier einmal während eines Sturms Unterschlupf gefunden und dabei die reichlich verwahrlosten Weinberge des Klosters gesehen haben. Gemeinsam mit den Mönchen brachte man dann das zum Kloster gehörende Weingut Metochi Chromitsa wieder auf Vordermann und erzeugt nun dort mit dem *Agathon* einen wirklich beeindruckenden Tropfen, der alle Vorurteile über dieses jahrtausendealte Weinland schnell zum Verstimmen bringt.

Verkostung: Reicher, südlicher Duft nach Schlehen, Preiselbeeren und einer Spur Nelkenpfeffer. Würzige Ansprache mit saftiger Frucht und reichhaltiger Fülle am Gaumen. Herzhafte Struktur und reichliche »Wärme« im Nachhall.

Urteil: Vereint auf kluge Weise griechisch-mediterrane Wurzeln mit modernem »wine making«.

Preisregion: 9 bis 10 Euro

Rebsorten: Limnio, Cabernet Sauvignon

Trinktemperatur: 18°

Schmeckt ...: zu kräftigen gewürzten Schmorgerichten, z. B. Hasenpfeffer oder Wildschweinbraten in Rotwein

Gesehen bei: Alnatura, Basic

Weitere Weine auch bei: Kaufhof

Penedès

1 Albet i Noya

Costa Brava

2 Mas Estela

Priorat

3 Mas Igneus

Navarra

4 Quaderna Vía

5 Bodegas Orvalaiz

Rioja

6 Bodega Palacios Duque de Oion

7 Osoti

Valencia

8 Bodegas Los Frailes

La Mancha

9 Bodegas Parra Jiménez

Jumilla

10 Casa de la Ermita

Mallorca

11 Can Majoral

Spanien

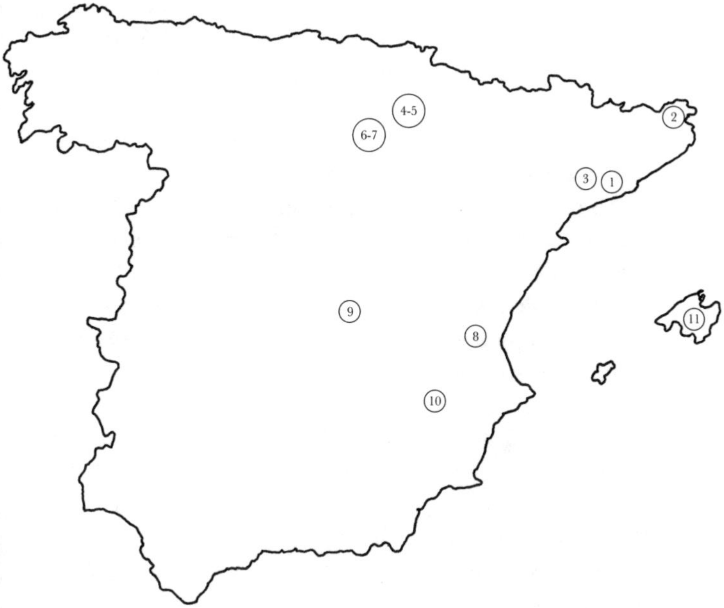

Albet i Noya, Penedès

Wein: Xarel·lo Clàssic
Weinart: trockener Weißwein
Biokontrolle: CCPAE

Albet i Noya ist ohne Frage der führende Pionier des spanischen Bioweinbaus schlechthin. Josep María Albet i Noya begann bereits ab 1978 als erster Winzer des Landes, seine Rebfläche auf die ökologische Bewirtschaftung umzustellen. 2007 wurde diese jahrelange Vorbildrolle dann auch offiziell gewürdigt und das Weingut von der Stiftung Biodiversidad in Zusammenarbeit mit der spanischen Gesellschaft für ökologische Landwirtschaft und den Ministerien für Umwelt, Landwirtschaft und Ernährung als bestes ökologisches Unternehmen Spaniens ausgezeichnet. Der hervorragende Ruf dieses Guts reicht jedoch längst über die Bioweinszene hinaus, und auch international werden die Weine bei den allerersten Adressen gehandelt. Auffallend ist dabei, dass nicht nur die Spitzengewächse, sondern auch die Standardweine überaus seriös gemacht sind. So lobte auch schon Robert Parkers *Wine Advocate* aus Amerika den Basis-Tempranillo: »… this offering unquestionably represents an outstanding value.« Noch besser als dieser durch die vom Beaujolais her bekannte Methode der »Macération carbonique« ausgesprochen fruchtige Rotwein gefällt mir aber das weiße Gegenstück dazu, der duftige *Xarel·lo*, der von besonders alten Rebstöcken dieser ansonsten vor allem für die Cava-Produktion genutzten Sorte stammt. Das 76 Hektar Rebgärten umfassende Weingut im westlich von Barcelona gelegenen Penedès wird heute von den Söhnen Antoni und Josep geführt, die sich auch in Bezug auf die Erforschung und den Erhalt uralter, angestammter Rebsorten große Verdienste erworben haben.

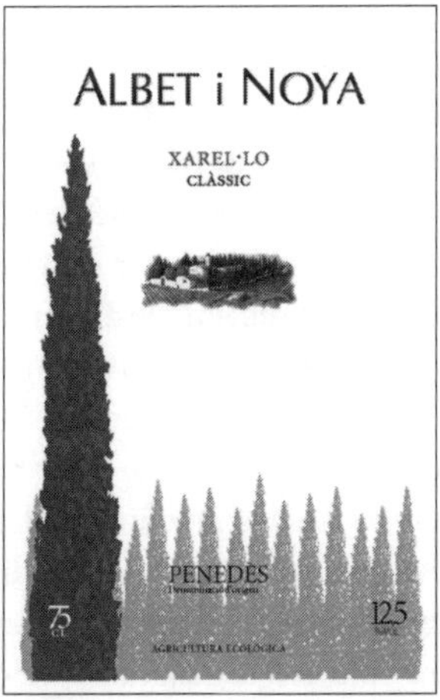

Verkostung: Sehr frischer, kristallklarer Duft nach Zitrusblüten und einem Anflug von weißem Pfirsich. Auf der Zunge trägt ein feines, harmonisches und doch lebhaftes Säurespiel den charmanten, unbeschwerten Fruchtkörper. Trotz der scheinbaren Leichtigkeit mit gutem Ausdruck.

Urteil: Blitzsauber gemachter, zeitgemäßer und überaus bekömmlicher Sommerwein.

Preisregion: 6 bis 8 Euro
Rebsorten: Xarel·lo
Trinktemperatur: 7°
Schmeckt …: im Freien am besten: perfekt zum Picknick oder auf der Terrasse zu sommerlichen Salaten
Gesehen bei: Basic
Weitere Weine auch bei: Delinat

Mas Estela, Costa Brava

Wein: Mas Estela Quindals
Weinart: trockener Rotwein
Biokontrolle: CCPAE

1989 kaufte die Familie Soto-Dalmau ein verfallenes, über 1.000 Jahre altes Landgut im Naturschutzgebiet der Halbinsel von Cap de Creus. Diese urwüchsige Region zwischen der Grenze zu Frankreich und dem Touristenort Roses wird durch die letzten Ausläufer der Pyrenäen bestimmt und gilt als östlichster Punkt der Iberischen Halbinsel. Von den zu diesem Gut, der Mas Estela, gehörenden 50 Hektar Land wurden 16 Hektar als Rebgärten neu angelegt und dabei von Anfang an ökologisch bewirtschaftet. In Verbindung mit dem kargen Schieferboden dieser Region, dem durch die Nähe zum Meer gemäßigten Klima und dem stets kräftig wehenden Nordwind zeigte sich der Verzicht auf Chemie in den Weinbergen alsbald als ein überaus erfolgreicher Weg, der ab 1999 in die biodynamische Bewirtschaftung führte. Bis vor kurzem waren das Weingut und das es umgebende Anbaugebiet Empordá – Costa Brava dennoch nur wenigen Eingeweihten bekannt. Mit der Ruhe und Weltabgeschiedenheit der Mas Estela war es aber schlagartig vorbei, als Robert Parker dem hier erzeugten Rotwein *Quindals* aus dem Jahrgang 2004 sensationelle 93 Punkte zusprach – eine Wertung, die man normalerweise nur bei deutlich teureren Luxusweinen erwarten würde, nicht aber bei einem unbekannten Spanier für »schlappe« 15 Euro! Für mich ist das eigentlich Sensationelle daran jedoch das, was danach passierte: der Nachfolgejahrgang 2005 fiel vielleicht sogar noch besser aus – doch trotz des »Parker-Hypes« blieb der Preis auf gleichem Niveau.

Verkostung: Hochkonzentriertes Bukett nach Rumfrüchten, Amarenakirschen, Vanille, Mokka und einer frischen Eukalyptusnote. Ungeheuer saftige Ansprache auf der Zunge und mit immenser Aromenkonzentration am Gaumen. Der voluminöse Fruchtkörper hüllt das Tannin geradezu ein. Trotz der Dichte und der immerhin 15 Prozent Alkohol keinesfalls brandig. Köstliche Fruchtsüße klingt an.

Urteil: Woher nimmt ein solcher »Blockbuster« solche Vielschichtigkeit?

Preisregion: 14 bis 16 Euro

Rebsorten: Grenache, Syrah, Carignan

Trinktemperatur: 18°

Schmeckt …: perfekt zu Rehleber mit Preiselbeeren – aber zu einer feinen Rinderleber mit Rotweinschalotten tut er auch nicht weh

Gesehen bei: Pinard de Picard

MAS IGNEUS, PRIORAT

WEIN: Mas Igneus Finca Messor
WEINART: trockener Rotwein
BIOKONTROLLE: CCPAE

Es ist gerade einmal zwei, drei Jahrzehnte her, da war das Priorat noch eine weitgehend verlassene Bergregion im nordspanischen Katalonien. Obwohl hier im 19. Jahrhundert ein blühendes Weinanbaugebiet war, verfiel die Rebkultur aufgrund der extrem schwer zu bearbeitenden Schiefersteilhänge und des unwirtlichen Klimas – eisige Winter und glühend heiße Sommer – immer mehr, und von den einstmals rund 17.000 Hektar Rebfläche waren zu Beginn der achtziger Jahre gerade einmal noch 800 übrig geblieben. Dann aber entdeckten einige qualitätsfanatische Weinbaupioniere das großartige Potenzial dieses Terroirs neu und begannen mit dem Erhalt der alten Rebgärten und der Anlage neuer Weinberge. In kurzer Zeit mauserte sich die Region zu einer der renommiertesten spanischen Herkünfte für charaktervolle, würzige Rotweine. Nicht wenige Gewächse des Priorat gelten heute als wahre Kultweine und erzielen aufgrund der weltweiten Nachfrage exorbitante Preise. Deshalb war ich höchst erstaunt, mit dem *Finca Messor* des 1996 gegründeten und sehr angesehenen Bioweinguts Mas Igneus einen Rotwein dieser Region verkosten zu können, der zwar all die Eigenschaften eines guten Priorat aufweist, aber mit seinem Preis noch spürbar unter dem allgemein üblichen Niveau des Anbaugebiets bleibt. Die alten Garnacha- und Cariñena-Reben dieses Weins stehen ausschließlich auf den nur mühsam zu bearbeitenden Steil- und Terrassenlagen und erbringen somit eine bemerkenswerte Rasse, Mineralität und pikante Fruchtigkeit.

Verkostung: Enorm reichhaltiger, voluminöser Duft nach eingemachten Gewürzzwetschgen, Bitterschokolade, Speck, Vanille und Rumfrüchten. Markante Ansprache und zupackende Würze auf der Zunge. Die körperreiche Frucht nach Feigen und Waldbeeren ist mit herzhaftem, selbstbewusstem Tannin verwoben. Pikantes Aroma und rassiger Aufbau. Im Nachhall mit markanten Gewürznoten.

Urteil: Ein maskuliner, sehr eigenständiger und geradezu fordernder Rotwein mit viel Würze und pikanter Frucht. Unbedingt vor dem Genuss dekantieren, um seine »wilde« Rasse etwas zu glätten.

Preisregion: 18 bis 20 Euro
Rebsorten: Garnacha, Cariñena, Cabernet Sauvignon, Syrah
Trinktemperatur: 19°
Schmeckt …: zu geschmortem Zicklein mit Rosmarin
Gesehen bei: Delinat

Quaderna Vía, Navarra

Wein: Quaderna Vía Reserva
Weinart: trockener Rotwein
Biokontrolle: CPAEN

Die Region Navarra, zwischen dem Rioja und der französischen Grenze gelegen, ist für mich seit vielen Jahren ein wichtiger Hot Spot, wenn ich nach Rotweinen mit besonders gutem Preis-Genuss-Verhältnis gefragt werde. In vielen Aspekten dem berühmten Nachbarn Rioja nicht unähnlich, aber weitaus weniger populär, ist das Anbaugebiet rund um sein wirtschaftliches Zentrum Pamplona immer wieder für bemerkenswerte Überraschungen auch bei etwas schmalerem Geldbeutel gut. Eine solche Entdeckung ist ohne Zweifel das noch junge Weingut der Brüder Raúl und Jorge Ripa. Insbesondere die delikate Reserva, eine Cuvée aus jeweils 50 Prozent Tempranillo und Merlot mit 18-monatiger Lagerung in französischen Barriques, hat mir hier mit ihrer fein abgestimmten Balance von zeitgemäßer, frischer Frucht und traditioneller Holzreife ausnehmend gut gefallen – für einen solchen Wein müsste man bei den großen Namen im Rioja bereits deutlich mehr auf den Tisch legen! Der Name des Weinguts, Quaderna Vía, geht auf ein metrisches Versmaß in der mittelalterlichen Literatur zurück, das von Frankreich aus auch in Spanien Fuß fasste und dort zur Grundlage der »Mester de Clerecía« genannten Dichtkunst des 13. Jahrhunderts wurde. Dies darf man sicherlich als eine Reminiszenz an den hier vorbeiführenden Jakobsweg verstehen, es zeigt aber auch Parallelen zu der im Navarra oft anzutreffenden Praxis, typisch spanischen Wein auch unter Verwendung von aus Frankreich übernommenen Sorten wie Merlot und Cabernet Sauvignon zu erzeugen.

Verkostung: Duft nach Pflaumenmus, Cassis und Gewürzkirschen, dazu eine deutliche, aber nicht unangenehme Vanillenote. Zunächst geschmeidig in der Ansprache, dennoch aber mit fein-frischem Säurespiel. Durchaus eleganter Aufbau. Die dezent mineralisch geprägte Frucht im Nachhall unterstreicht die Noblesse und Feinheit dieses Weins.

Urteil: Ein zeitgemäßer, klug gemachter Navarra: eher von der feinen als von der »lauten« Art.

Preisregion: 11 bis 12 Euro

Rebsorten: Tempranillo, Merlot

Trinktemperatur: 17°

Schmeckt …: zu gebratener Entenbrust, gerne auch mit etwas fruchtigerer Sauce

Gesehen bei: Basic

Weitere Weine auch bei: Delinat

Bodegas Orvalaiz, Navarra

Wein: Pagos de Isarpe
Weinart: trockener Rotwein
Biokontrolle: CPAEN

Die Anfang der neunziger Jahre als Genossenschaftskellerei gegründete Bodegas Orvalaiz gilt in Navarra als ein Vorzeigebetrieb für korrekt gemachte, zeitgemäße und internationale Weine zu überaus günstigen Preisen. Die Kooperative war hierzu eine der ersten in der Region, die ihre Weinberge umstrukturierte und mit den Global Playern unter den Rebsorten, also insbesondere mit Cabernet Sauvignon, Merlot und Chardonnay, bereicherte. An einem wichtigen Wegepunkt des Jakobswegs gelegen, hält man hier stets auch die Tür für Pilger offen und führt diese gerne durch den modern ausgestatteten Betrieb und lädt zu einer Weinprobe ein. Die Geschichte des Jakobswegs wird in dieser Kellerei aber auch aus Marketinggründen recht clever genutzt und an vielen Stellen thematisiert. So sollen die auf den Etiketten der Weine abgebildeten Sterne an jenes Sternenfeld erinnern, wo der Legende nach ein Eremit das Grab des heiligen Jakobus entdeckte und das die lateinische Wurzel campus stellae des Namens Compostela bildet. Beim Spitzenwein des Betriebs, dem *Septentrion*, taucht das Sternemotiv in Anlehnung an die sieben Sterne des Großen Wagens ebenfalls wieder auf. Die rund 400 Hektar umfassenden Weinberge erstrecken sich auf Lagen der Untergebiete Valdizarbe und Tierra Estella im Norden und Nordwesten Navarras. Bis jetzt wird jedoch erst ein kleiner Teil davon für den ökologischen Anbau genutzt. Der hier erzeugte Biowein *Pagos de Isarpe* wird in Deutschland exklusiv von Mövenpick vertrieben.

Verkostung: Herb-fruchtiger Duft nach Pflaumenkompott und dunklen Himbeeren. Sauberer, ordentlicher Aufbau auf der Zunge, nicht zu schwer und mit angenehmer frischer Säure. Zugänglich, trotzdem mit gewissem Charakter.

Urteil: Ein günstiger, korrekter Tropfen für jeden Tag. Erinnert im Aroma etwas an einen kalifornischen Zinfandel, ist aber nicht so »jammy«, wie es diese oft sind, sondern ganz im Gegenteil schön frisch.

Preisregion: 4 bis 5 Euro
Rebsorten: Tempranillo, Cabernet Sauvignon, Merlot
Trinktemperatur: 16°
Schmeckt ...: als idealer Partywein sicherlich den meisten Gästen
Gesehen bei: Mövenpick

Bodega Palacios Duque de Oion, Rioja

Wein: Rioja Padus Tempranillo
Weinart: trockener Rotwein
Biokontrolle: CPAEN

Das weltberühmte Rioja ist in den letzten Jahren ein sehr ambivalentes Anbaugebiet geworden. Einerseits seit jeher dominiert von großen Kellereien mit teilweise langer Historie, andererseits wird die Weinszene nun mehr und mehr aber auch von Aufsteigern und kleineren Bodegas bereichert. Ähnliches lässt sich ebenso für die Weinstile selbst sagen. Neben den traditionellen Gewächsen mit gereiftem Aroma durch langen Ausbau in alten Barriccas gibt es nun auch nicht wenige fast schon postmoderne Rotweine mit frischer Frucht, präzisem Schliff und oft etwas an die »Neue Welt« erinnerndem Holzeinsatz. Die Bodega Palacios Duque de Oion ist hier ein Paradebeispiel. Dieser für Rioja-Verhältnisse junge Abfüller erzeugt überaus zeitgemäße Weine, deren Qualität jedoch den Ursprung schon vor langer Zeit genommen hat. Einer der Gründe für die Klasse dieser Bodega liegt nämlich im hohen Alter ihrer Rebstöcke begründet, die oft bereits vor über 100 Jahren gepflanzt wurden. Teilweise handelt es sich dabei um die Peludo genannte, heute sehr selten gewordene ertragsarme Spielart des Tempranillo, manchmal sogar um wurzelechte Stöcke des 19. Jahrhunderts. Lange Zeit wurden die Trauben dieser Rebgärten an die örtliche Genossenschaft abgeliefert, aber erst mit der eigenen Abfüllung konnte Luis Palacios Menchaca seine Vorstellungen eines modernen Riojas umsetzen. Dass er aber schon immer etwas weiter dachte als andere, zeigt sich daran, dass er bereits in den neunziger Jahren einen Bioweinberg anlegte, aus dessen Trauben der erste echte Rioja aus ökologischem Anbau überhaupt entstand.

Verkostung: Reicher und doch auch eleganter Duft nach Gelee von Roten Johannisbeeren und einer feinen Minznote, dezent mit einer Spur dunklem Kakaopulver unterlegt. Saftig und dicht auf der Zunge und mit ausgesprochen geschmeidigem, aber reichem Fruchtkörper. Die sanfte Säure und das milde Tannin schaffen ein sehr seidiges Kleid. Im warmen Nachhall mit Noten von dunklen Himbeeren, Cassis und etwas Vanille.

Urteil: Ein dichter und ausgesprochen geschmeidiger Rioja von hoher Qualität, im modernen Stil vinifiziert: ein spanischer Kosmopolit!

Preisregion: 19 bis 21 Euro

Rebsorten: Tempranillo

Trinktemperatur: 18°

Schmeckt …: zum geschmorten Ochsenschwanz

Gesehen bei: Alnatura

OSOTI, RIOJA

WEIN: Rioja Osoti Vendimia seleccionada
WEINART: trockener Rotwein
BIOKONTROLLE: CPAEN

Der unweit von Barcelona ansässige Josep Maria Pujol ist als Weinprofessor, Winzer und Pionier des ökologischen Anbaus eine bekannte und schillernde Persönlichkeit in der Weinszene Spaniens. Obgleich sich seine Projekte hauptsächlich auf seine katalonische Heimat fokussieren, konnte er nicht widerstehen, als er vor einigen Jahren von einem kleinen »unbeugsamen« Dorf in einer abgelegenen Region des Riojas hörte. Obgleich man rund um Andosilla aufgrund des kargen, steinigen Bodens und des stets kräftig wehenden Windes eigentlich nie Probleme mit Rebkrankheiten hatte, tauchten auch hier in den achtziger Jahren weinbauliche Berater auf, die die Segnungen moderner Pflanzenschutzmittel priesen. Die misstrauischen Weinbauern dieses im Rioja Baja gelegenen Dorfs ließen sich jedoch nicht verführen und machten einfach weiter das, was schon ihre Großväter getan haben, also quasi einen aus der Geschichte ganz natürlich gewachsenen ökologischen Weinbau. Josep Maria Pujol erkannte rasch das große Potenzial dieses Dorfs, das zwar seit langer Zeit ökologische Trauben produzierte, diese dann aber an Genossenschaften und große Handelshäuser verkaufte, wo sie zu anonymen Massenweinen verarbeitet wurden. Gemeinsam mit einer Gruppe von Winzern des Dorfs und dem Önologen Jordi Gili Puig wurde das Weingut Osoti ins Leben gerufen, dessen bemerkenswerte *Vendimia seleccionada,* eine Cuvée aus Erträgen der besten Parzellen, dieses früher wenig beachtete Randgebiet des Riojas schnell auf die Einkaufslisten auch anspruchvollerer Kenner brachte.

Verkostung: Intensiver Duft nach Cassislikör, Zwetschgenmus, Waldbeeren und Zedernholz. Ausgesprochen saftig auf der Zunge und mit sehr weicher, wunderbar eingebundener Gerbsäure am Gaumen. Voluminöser, aber gut strukturierter Körper. Satte Konzentration, aber auch feines Säurespiel. Reicher Nachhall mit Brombeernoten.

Urteil: Außergewöhnlich dichter und kräftiger Rioja mit ganz eigener Stilistik und überaus interessantem Preis-Genuss-Verhältnis.

Preisregion: 10 bis 12 Euro
Rebsorten: Tempranillo, Mazuelo, Graciano
Trinktemperatur: 18°
Schmeckt …: zu gut abgehangenem Wild
Gesehen bei: Delinat
Weitere Weine auch bei: Basic

BODEGAS LOS FRAILES, VALENCIA

WEIN: Casa Mon Frare Barrica
WEINART: trockener Rotwein
BIOKONTROLLE: CAECV

Casa Los Frailes, das »Haus der Mönche«, war bis ins 18. Jahrhundert ein Jesuitenkloster. Nachdem unter König Carlos III. die Jesuiten enteignet und aus Spanien vertrieben wurden, kamen das Gut und das zugehörige Land sowie die Weinkeller durch eine öffentliche Versteigerung in den Besitz der Familie Velàzquez, die es nun seit 1771 ununterbrochen bewirtschaftet. Rund 80 Kilometer vom Mittelmeer entfernt liegt die Bodega in 500 Meter Höhe in der Region Els Alforins, die südwestlich der Stadt Valencia seit jeher für die besonders günstigen Wachstumsbedingungen bekannt war. Trotz der langen Tradition herrscht hier jedoch ein sehr zeitgemäßer Geist. In dem seit 1999 ökologisch geführten Betrieb legt man großen Wert darauf, der etwas in Missgunst geratenen, angestammten Monastrell-Rebe wieder zu altem Ruhm zu verhelfen und sie behutsam mit internationalen Sorten zu kombinieren. Die rund 130 Hektar umfassenden Weinberge des Gutes verteilen sich auf unterschiedliche Terroirs, wobei nicht nur die Böden von Kalklehm am Talgrund und steinigem Sand in den Höhen für sehr unterschiedliche Charaktere sorgen, sondern vor allem auch die unterschiedlichen Höhenlagen, die sich bis 700 Meter über dem Meeresspiegel hinaufziehen. So kann jede angebaute Rebsorte individuell in der für sie passenden Klimazone reifen: in den heißeren Lagen der mediterrane Monastrell, in den etwas kühleren der feinere Cabernet Sauvignon. Mit den schicken Etiketten eignen sich die Weine von Los Frailes nicht nur für den eigenen Genuss, sondern auch sehr gut als Mitbringsel zur nächsten Dinnerparty.

Verkostung: Saftiger Duft nach Gelee von Roten Johannisbeeren, mit feiner Vanillenote ergänzt, ein wenig an einen Cabernet aus der »Neuen Welt« erinnernd. Seidig-runde Frucht am Gaumen, der harmonische, dichte Körper ist um eine milde Säure verwoben. Feine Schoko-Kirschnoten im Nachhall.

Urteil: Mit kurzem Ausbau in Barriques aus amerikanischer Eiche sehr zugänglich und modern gemacht, typischer Vertreter des »neuen Spaniens«.

Preisregion: 7 bis 9 Euro

Rebsorten: Monastrell, Cabernet Sauvignon

Trinktemperatur: 18°

Schmeckt ...: zu Pfeffersteaks vom Holzkohlegrill und jungem Manchego-Käse

Gesehen bei: Alnatura

Bodegas Parra Jiménez, La Mancha

Wein: Caballero de Mesasrrubias Reserva
Weinart: trockener Rotwein
Biokontrolle: Sohiscert

Mit einer Rebfläche von rund 190.000 Hektar dürfte das auf der zentralspanischen Hochebene Meseta gelegene La Mancha das größte zusammenhängende Weinanbaugebiet auf unserem Planeten sein. Dass man bei der Nennung dieses Namens jedoch eher an Cervantes' Romanfigur des Ritters von der traurigen Gestalt denkt als an Freude ins Haus bringende Weine, mag sicher auch daran liegen, dass Letztere trotz der gigantischen Ausmaße dieser Region und der jahrtausendealten Weinbauhistorie lange Zeit eher spärlich gesät waren und erst seit ein paar Jahren verstärkt in das Bewusstsein der Weinkenner rücken. Welches Potenzial in diesem kargen Land mit seinem extremen Kontinentalklima (die Temperaturen können schwanken von im Winter -15° bis im Sommer auf 45°) liegt, zeigt sich aber in den Gewächsen des seit 1995 ökologisch geführten Weinguts der Brüder Francisco und Javier Parra. In Zusammenarbeit mit dem französischen Önologen Jean Natoli aus Montpellier wird hier unter dem Etikett ihrer kleinen Familien-Bodega Irjimpa mit dem *Caballero de Mesasrrubias* ein höchst interessanter Tropfen zu sehr verlockendem Preis erzeugt. Bereits der Crianza mit sechsmonatiger Lagerung in Barriques ist sehr bemerkenswert, die Reserva mit 12 Monaten im Fass sogar ein echter Geheimtipp. Wer es noch etwas gereifter mag, sollte auch die Gran Reserva probieren, mir persönlich gefällt jedoch die Balance von Frucht und Holz gerade bei der Reserva besonders gut. Der auf dem Etikett abgebildete Ritter Don Quichotte wäre sicher stolz auf dieses Produkt seiner Heimat gewesen.

Verkostung: Bukett nach Beerenkompott, Rumtopf, Vanille und schwarzem Pfeffer, dazu feine Röstnoten vom Holz. Auf der Zunge zügelt die charaktervolle Würze die Kraft, ein feinherbes, aber unaufdringliches Tannin strukturiert den Körper. Aroma von Röstzwetschgen am Gaumen.

Urteil: Ausgewogener Wein mit feiner Reife, trotz der heißen Herkunft keineswegs »marmeladig« oder übermäßig alkoholisch.

Preisregion: 9 bis 10 Euro

Rebsorten: Cencibel (Tempranillo)

Trinktemperatur: 18°

Schmeckt ...: am Sonntagmittag zum Rinderbraten

Gesehen bei: Alnatura, Basic

Casa de la Ermita, Jumilla

Wein: Casa de la Ermita Crianza
Weinart: trockener Rotwein
Biokontrolle: CAERM

Das nach der gleichnamigen Stadt in der Region Murcia benannte Anbaugebiet Jumilla liegt in der Levante zwischen der Mittelmeerküste und dem Plateau von Castilla La Mancha. Die sehr trockenen und heißen Sommer und insbesondere der überaus karge, sandige Kalkboden haben dazu geführt, dass viele Weinberge in dieser Region niemals von der Reblaus befallen wurden. Deshalb findet man hier noch häufig sehr alte Weingärten. Allerdings konnte unter diesen extremen Bedingungen lange Zeit nur die Monastrell-Rebe wirklich gedeihen, die einen sehr konzentrierten, alkoholstarken Wein ergab. Erst seit der Einführung der sogenannten Tröpfchenbewässerung, bei der das rare Wasser zielgenau und ohne Verluste direkt am Rebstock zugeführt wird, reifen hier in größerem Rahmen auch »feinere« Rebsorten wie Cabernet, Syrah oder Tempranillo. Durch diese Technik gewann dann aber auch der rustikale Monastrell zunehmend an Ausgewogenheit. Winzer Pedro José Martínez Marín, der traditionelle Anbaumethoden mit ausgeprägtem ökologischem Bewusstsein und einer hochmodernen Vinifikation zu verbinden weiß, scheint für diese Rebsorte ein besonderes Händchen zu haben. Seine dichten, voluminösen Rotweine haben in verdeckten Verkostungen schon für viel Wirbel unter Fachleuten gesorgt und verfügen über ein sehr verführerisches Preis-Genuss-Verhältnis. Angesichts der überaus geringen Erträge von oft nur rund 15 Hektoliter/Hektar ist dies umso bemerkenswerter. Höhere Qualitäten von Casa de la Ermita findet man bei Alnatura und im Fachhandel, den guten Einstiegswein *Monasterio de Santa Ana* immer häufiger aber auch in Rewe-Supermärkten.

Verkostung: Vollreifer Duft nach Waldbeerkompott sowie nach Pflaumen- und Kirschsaft, dazu feine Vanillenoten vom Holz. Die samtige Gerbsäure und der warme Alkohol sind am Gaumen in ausgesprochen saftige, dichte und leicht von Bitterschokolade geprägte Frucht gehüllt. Ausgesprochen voluminöser Aufbau. Etwas »jammy« im reichen Nachhall.

Urteil: Ein »gezähmter Bodybuilder im Seidenanzug«.

Preisregion: 10 bis 12 Euro

Rebsorten: Monastrell

Trinktemperatur: 18°

Schmeckt …: im Winter zu Rehleber oder Blauschimmelkäse, im Sommer (etwas kühler serviert) als Begleiter zu scharfen Grillsteaks: Auch wenn es etwas komisch klingt – der Wein harmoniert perfekt mit Ketchup!

Gesehen bei: Alnatura

Weitere Weine auch bei: Rewe

Can Majoral, Mallorca

Wein: Butibalausí Negre
Weinart: trockener Rotwein
Biokontrolle: CBPAE

Zugegeben, Mallorca hat nicht gerade einen großartigen Ruf als Weindestination. Statt feiner Gewächse denkt man hier spontan eher an den unsäglichen Sangría und statt ländlicher Weingüter an die Luxusimmobilien der Reichen. Doch wer die überaus interessanten Tropfen der Bodega Can Majoral einmal probiert hat, der wird schnell feststellen, dass es auf der Baleareninsel, abseits von Fincas und Ballermann, auch für Weinfreunde einiges zu entdecken gibt. Ähnlich wie die Kanarischen Inseln waren auch die Balearen im 18. und 19. Jahrhundert vor allem für hochwertige Süßweine aus der Malvasia-Rebe bekannt. Während sich diese Tradition auf den im Atlantik liegenden Kanaren bis heute erhalten hat, brachte auf Mallorca die Invasion der Reblaus zu Beginn des 20. Jahrhunderts den Weinbau zunächst fast völlig zum Erliegen. Später sorgte dann auch die Tatsche, dass man schöne Berghänge deutlich lukrativer in der Tourismuswirtschaft nutzen konnte, als hier den im trockenen und heißen Inselklima sehr mühsamen Weinbau zu pflegen, dafür, dass es trotz einer gewissen Renaissance bei einer sehr klein strukturierten und parzellierten Rebkultur blieb. Es ist Idealisten wie Andreu Oliver zu verdanken, dass heute immerhin wieder auf rund 2.000 Hektar Weinbau auf Mallorca ausgeübt wird. Er betreibt sein rund acht Hektar großes Weingut bei Algaida im Zentrum der Insel seit 1991 als Biobetrieb und setzt dabei auf sehr feinfühlige Vermählungen von einheimischen Rebsorten, die man fast nur noch hier findet, mit internationalen Reben wie Chardonnay, Syrah, Cabernet oder Merlot.

VERKOSTUNG: Bemerkenswert vielschichtiger Duft nach Rumfrüchten, eingelegten Kirschen, Gewürzen (Nelken/Lorbeer) sowie warmen Lohe- und Vanillenoten vom Holz. Reiche Aromenfülle auch in der Ansprache, dann aber mit überraschend lebhaftem Säurespiel wunderbar frisch auf der Zunge. Sehr gut integrierte Holzwürze und aufrechte Struktur. Im Nachhall Aromen von Amarenakirschen und Roten Johannisbeeren.

URTEIL: Erstaunlich komplexer Wein mit anspruchsvoller Persönlichkeit. Angesichts des Preises ein echtes Schnäppchen.

PREISREGION: 9 bis 11 Euro

REBSORTEN: Ull de Llebre (Tempranillo), Mantonegra, Callet, Syrah, Cabernet Sauvignon

TRINKTEMPERATUR: 17°

SCHMECKT ...: zu mediterran gewürztem Kalbfleisch ebenso wie zur Wildente

GESEHEN BEI: Basic

1 Casal dos Jordões, Duoro

Portugal

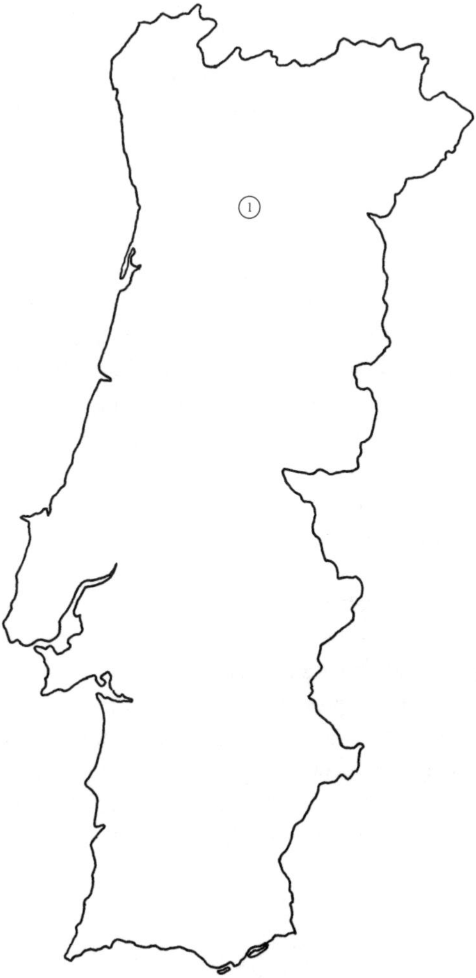

Casal dos Jordões, Douro

Wein: Port Finest Reserve
Weinart: roter Likörwein
Biokontrolle: Socert

Die Auswahl an ökologisch erzeugten Ports ist leider noch recht überschaubar. Neben einem bei Kaufhof für rund 12 Euro gelisteten, recht ordentlichen *Ruby* von Romariz sind dabei jedoch vor allem die hin und wieder in Biosupermärkten zu findenden Gewächse von Casal dos Jordões empfehlenswert. Dieses Weingut wurde bereits 1870 gegründet, füllte jedoch nie eigene Ports ab, sondern verkaufte seine Trauben an das Haus Sandeman. Mit der Einführung der ökologischen Bewirtschaftung der rund 40 Hektar umfassenden Weinberge im Jahr 1994 entschloss man sich jedoch, nun auch einen Teil der Ernte selbst zu vinifizieren und unter eigenem Etikett zu vermarkten. Die Weinbereitungsmethoden wurden dabei aber ganz bewusst sehr traditionell gewählt. So werden bei Casal dos Jordões die Trauben in den klassischen Lagares, also in den Boden eingelassenen Betonbecken, wie seit Jahrhunderten üblich mit (selbstverständlich vorher gründlich gewaschenen) Füßen gestampft und anschließend vergoren. Nach wie vor gilt diese Methode des behutsamen Tretens mit den Füßen als unübertroffen, um aus den Trauben eine kräftige Farbe und die strukturierenden Tannine auszulösen, ohne dabei jedoch die Bitterstoffe aus zerdrückten Kernen in Kauf nehmen zu müssen. Als Nischenproduzent im Konzert der großen Marken des Ports ist man bei Casal dos Jordões stolz darauf, bereits im ersten Jahrzehnt der Eigenabfüllung zahlreiche internationale Preise und Medaillen, insbesondere für den fassgereiften *Tawny* und die feinfruchtige *Finest Reserve*, erhalten zu haben.

Verkostung: Herrlich vielschichtiges Bukett nach Zwetschgenmus, Armagnac-Kirschen, Rumtopf, Zedernholz und orientalischen Gewürzen. Auf der Zunge wird die überaus angenehme Süße perfekt von der würzigen Säure- und Gerbsäurestruktur balanciert. Der wärmende Alkohol ist gut in den von eingekochten Waldbeeren dominierten Fruchtkörper eingebunden. Langer, lebhafter Nachhall mit seidiger Süße, feiner Würze und dezenten Holznoten in der Frucht.

Urteil: So charaktervoll und komplex! – Fast schon auf dem Niveau eines Vintage Ports. Anders als dieser jedoch gleich nach dem Dekantieren (zur Not auch ohne dies) bereits zugänglich.

Preisregion: 24 bis 26 Euro

Rebsorten: Touriga Franca, Tinta Roriz, Tinta Barroca, Touriga Nacional, Tinto Cão

Trinktemperatur: 19°

Schmeckt …: als köstlicher Digestif zum Ausklang eines winterlichen Festmenüs ebenso gut wie zu Blauschimmelkäsen, insb. Stilton oder Fourme d'Ambert

Gesehen bei: Basic

Weitere Weine auch bei: Alnatura

1 La Motte, Western Cape

2 Stellar Winery

Südafrika

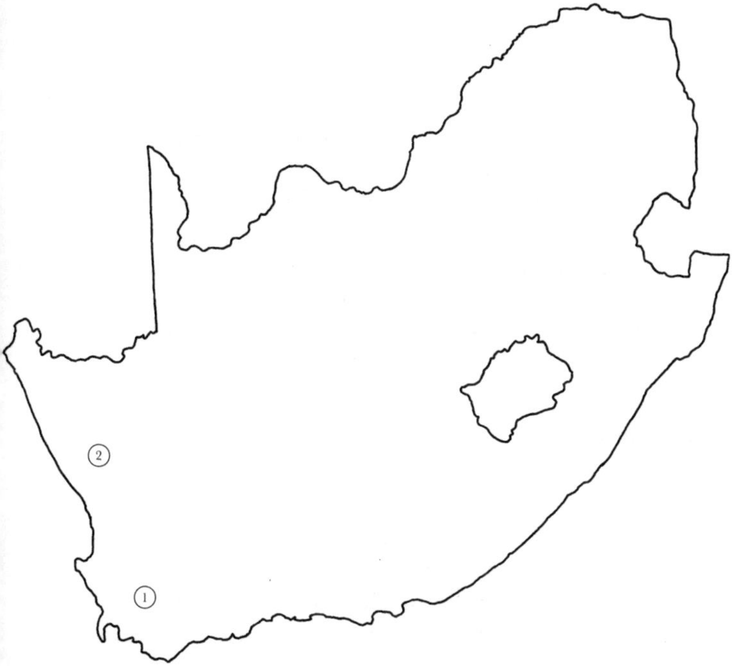

LA MOTTE, WESTERN CAPE

WEIN: La Motte »Pierneef Collection« Sauvignon Blanc
WEINART: trockener Weißwein
BIOKONTROLLE: SGS

Der rassig-fruchtige Sauvignon Blanc von La Motte ist Kennern auch in Deutschland seit langem bekannt. Dass er jedoch auch einen ökologisch erzeugten »großen Bruder« hat, ist hingegen weniger geläufig. Das Weingut La Motte kann auf eine bis ins 17. Jahrhundert reichende Geschichte im Franschhoek Valley zurückblicken. Dieses Tal gilt mit zahlreichen Sehenswürdigkeiten und historischen Monumenten in der westlichen Kapregion als eine der anmutigsten Gegenden des Landes und wird aufgrund der vielen guten Restaurants gerne auch die »Gourmet-Kapitale« Südafrikas genannt. La Motte sieht sich in dieser schönen Landschaft keinesfalls nur als ein reiner Weinproduzent, sondern wird auch durch zahlreiche Konzertveranstaltungen und Gourmetevents einem hohen kulturellen Bewusstsein gerecht. Gleiches gilt für den sozialen Bereich, bei dem sich das Gut als Mitglied der »Wine Industry Ethical Trade Association« zur Einhaltung von fairen Lebens- und Arbeitsbedingungen für die Mitarbeiter verpflichtet hat. Der gesamte Betrieb, dem auch eine auf Biodiversität ausgerichtete Blumenzucht angehört, wird naturnah geführt und ist nach ISO 14000 für »Environmental Management« zertifiziert. Bei dem für den Spitzenwein der *Pierneef*-Serie in der Walker Bay nahe des Indischen Ozeans angelegten Sauvignon-Blanc-Weinberg ist man dann noch ein Stück konsequenter und bewirtschaftet vollständig ökologisch. Lediglich 2.000 Kisten dieses Weins werden hier im Jahr erzeugt – auch das ein Grund dafür, warum er noch nicht überall bekannt ist.

Verkostung: Rassiger und ausdrucksvoller, gleichzeitig aber auch fein differenzierter Duft nach Johannisbeerblättern, frisch geschnittenen Brennnesseln, Zwiebelschalen und grüner Mango. Reicher Fruchtkörper, jedoch durch ein angenehm frisches Säurespiel begrenzt und durch feine Rasse in Balance gehalten. Aromen von grüner Paprika und exotischen Früchten am Gaumen. Klarer Nachhall.

Urteil: Im Stile eines guten Sancerres, allerdings mit einer zusätzlichen Frucht und intensiverem Ausdruck ausgestattet. Wirkt dabei jedoch nicht überladen.

Preisregion: 15 bis 16 Euro

Rebsorten: Sauvignon Blanc

Trinktemperatur: 8°

Schmeckt ...: zu gefüllter Paprika, grünem Spargel und Lachs mit Sauerampfersauce

Gesehen bei: Kaufhof

STELLAR WINERY, WESTERN CAPE

WEIN: Heaven on Earth
WEINART: Edelsüßer Weißwein
BIOKONTROLLE: Skal international

Stellar Winery liegt am Olifants River auf halbem Weg zwischen Kapstadt und der Grenze zu Namibia. Dieser nördlichste Teil der Western-Cape-Region ist durch den kühlenden Einfluss der Seebrise vom nahen Atlantik vor allem für Frische und Fruchtigkeit in den Weinen bekannt. Die 1998 gegründete Stellar Winery gilt hier als ein Vorzeigebetrieb Südafrikas, und zwar nicht nur in Bezug auf ökologische Erzeugung, sondern auch im Hinblick auf die gerade in diesem Land noch nicht überall wirklich hoch stehende soziale und gesellschaftliche Verantwortung. Als erstes Weingut Südafrikas erhielt man bei Stellar deshalb das Fairtrade-Siegel. Neben einer fairen Bezahlung erhalten die Arbeiter des Weinguts unter anderem auch freie Gesundheitsversorgung, eine ordentliche Unterbringung, Familienbetreuung und freien Schulzugang für ihre Kinder. Dass sich zudem die Weine von Stellar aber auch durchaus sehen lassen können und eine gute Leistung zu angemessenem Preis bieten, macht das Vergnügen an diesen Tropfen gleich noch schöner. Die weithin angebotenen Rotweine des Stellar Organics-Etikett sind zugängliche, fruchtige Tropfen für das »easy drinking«, der Sauvignon Blanc überzeugt jung getrunken mit einer grasig-pflanzlichen Duftigkeit. Nicht ganz so häufig zu finden ist hingegen der *Heaven on Earth* genannte Dessertwein dieser Kellerei. Doch die Suche danach lohnt sich: Dieses edelsüße Juwel wird in der Art eines Strohweins erzeugt, jedoch mit dem Unterschied, dass die reifen Muskatellertrauben hierzu nicht wie üblich vor dem Keltern auf Strohmatten, sondern auf einem Bett von Stroh und Rooibos-Tee getrocknet werden.

Verkostung: Köstlicher Duft nach Mandarinen, Bergamotte und einer Spur Honig. Angenehme, ausgesprochen fruchtige Süße am Gaumen und erstaunlich leichtgewichtig. Der Alkohol ist kaum zu spüren, die exotische Frucht klingt frisch und keinesfalls »klebrig« aus.

Urteil: Ein origineller, animierender und verführerischer Süßwein zu sehr verlockendem Preis.

Preisregion: 8 bis 10 Euro (0,375 l)
Rebsorten: Muskateller
Trinktemperatur: 6°
Schmeckt ...: perfekt zu nicht allzu süßen Obstdesserts
Gesehen bei: Basic
Weitere Weine auch bei: Alnatura, Kaufhof

USA

1 Bonterra

Chile

2 Errazuriz
3 La Fortuna
4 Cono Sur

Argentinien

5 Zuccardi

Nord- und Südamerika

Bonterra, Kalifornien

Wein: Bonterra Shiraz-Carignane
Weinart: trockener Rotwein
Biokontrolle: CCOF

Seit einiger Zeit herrscht in Deutschland eine etwas seltsame Stimmung gegenüber amerikanischen Weinen. Oft werden diese pauschal als Industrieprodukte, ja als künstliche »Coca-Cola-Weine« verspottet. Mit einer solch plumpen Vorverurteilung tut man aber nicht nur den vielen auf Qualität bedachten Erzeugern dort sehr Unrecht, sondern übersieht auch, dass gerade Kalifornien seit vielen Jahren einer der Hot Spots für ökologischen Weinbau ist. Und es sind dabei keinesfalls ausschließlich kleine Boutique-Winerys, die sich diesem Weg verschrieben haben, wie man am Giganten Fetzer sehr schön sehen kann. Mit über vier Millionen Kisten Wein Jahreserzeugung ist diese Kellerei immerhin unter den zehn größten Produzenten in den USA angesiedelt. Die Hinwendung zur ökologischen Erzeugung begann hier 1986 mit der Anlage eines »organic gardens« am Firmensitz in Valley Oaks, Mendocino. Durch dessen Erfolg inspiriert begann die Ausrichtung des gesamten Unternehmens auf Grundsätze der Umweltverantwortung und Nachhaltigkeit. 1990 wurde dann mit Bonterra ein zu 100 Prozent ökologisches Tochterweingut gegründet, mittlerweile ist die gesamte eigene Rebfläche des Konzerns, rund 750 Hektar, zertifiziert, und bis 2010 soll auch bei sämtlichen zugekauften Trauben die Umstellung vollzogen sein. Für diese seit über drei Jahrzehnten praktizierte Vorbildrolle wurde das Weingut bereits mit zahlreichen Ehrungen wie dem »Award for Environmental Excellence« des *Business Ethics Magazine* oder dem »Climate Wise Partnership Award« der US-Umweltschutzbehörde ausgezeichnet.

Verkostung: Warmer, reifer Duft nach würzigem Beerenkompott, dazu etwas Leder, Vanille und deutliche Gewürznoten. Fruchtig und rund am Gaumen, mit gemäßigtem Tannin sehr zugänglich. Nicht allzu tief, aber mit reifer, südlicher Frucht sehr angenehm.

Urteil: Zaubert ein spätsommerliches kalifornisches »easy feelin'« auf den Tisch.

Preisregion: 9 bis 11 Euro

Rebsorten: Syrah, Carignan

Trinktemperatur: 16 – 17°

Schmeckt …: toll als Wein zum Grillabend, verträgt auch kräftig Gewürztes. Bob Blue, der Weinmacher, sagt »this is a true spice-rack wine«

Gesehen bei: Alnatura, Basic

Weitere Weine auch bei: FUB

Errazuriz, Chile

Wenn wir hierzulande Chile oft nur als »neues« Weinbauland wahrnehmen, dann übersehen wir gerne, dass diese faszinierende Region zu Füßen der Anden durchaus eine traditionsreiche Weinbauhistorie hat und dass man zu Recht auch stolz auf alte Familiengeschichten verweisen kann. Eine der bemerkenswertesten dieser Geschichten ist jene der Errázuriz-Dynastie. 1870 gründet Don Maximiano Errázuriz, der zuvor in der Kupferförderung reich geworden ist (eine Zeit lang stammte ein Drittel der Weltproduktion dieses Metalls aus seinem Unternehmen!), ein Weingut nördlich von Santiago. Damals wie heute zählte dieser Betrieb zu den ersten Adressen des chilenischen Weinbaus und wird noch heute in sechster Generation von der Familie geführt. Eine wichtige Wegmarke in der Geschichte des Weinguts war dann 1995, als der heutige Presidente, Eduardo Chadwick, ein Joint-Venture mit der kalifornischen Weinlegende Robert Mondavi schloss, um mit dem *Seña* einen neuen, mittlerweile weltweit hoch geschätzten Kultwein aus Chile zu erzeugen. Was jedoch noch nicht überall bekannt ist, ist die Tatsache, dass sich der berühmte *Seña*-Weinberg im Anconcagua Valley zurzeit in der Umstellung auf die biodynamische Wirtschaftsweise befindet. Eduardo Chadwick ist davon überzeugt, dass dies das einzigartige Terroir hier noch deutlicher im Wein zum Vorschein bringen wird. Quasi als Vorstufe hierzu wurde beginnend mit dem Jahrgang 2003 erstmals auch ein *Cabernet Sauvignon Organics* im Don-Maximiano-Weinberg erzeugt, dessen Erfolg Eduardo Chadwick auf diesem Weg bestärkt hat.

Wein: Errazuriz Cabernet Sauvignon Organics
Weinart: trockener Rotwein
Biokontrolle: BCS

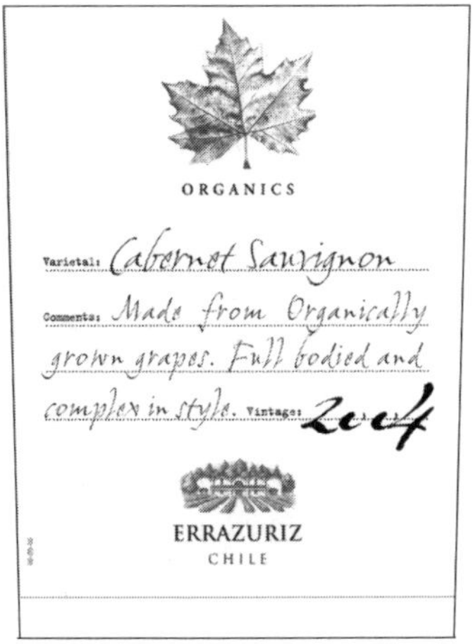

VERKOSTUNG: Reifes, nobles Bukett von großer Tiefe und Aromen nach Cassis, Zedernholz und einer für feine chilenische Cabernets oft so typischen Eukalyptus-Note. Kraftvoller Körper und mit viel Schmelz ausgestattet, dennoch mit Finesse und Spiel. Ein reifes, samtiges Tannin sorgt für ein gut eingebundenes Rückgrat. Animierende Vielschichtigkeit im Nachhall: Frucht-, Vanille- und Röstnoten.

URTEIL: Die saftige Frucht der »Neuen Welt« ist mit dem Stil, der Finesse und der geschmacklichen Präzision der »Alten Welt« vermählt.

PREISREGION: 18 bis 20 Euro

REBSORTEN: Cabernet Sauvignon

TRINKTEMPERATUR: 18°

SCHMECKT ...: perfekt zur klassischen Lammkeule aus dem Backofen mit Minzsauce

GESEHEN BEI: Mövenpick

WEITERE WEINE AUCH BEI: Jacques' Weindepot

LA FORTUNA, CHILE

In einer immer weiter globalisierten Weinwelt ist die Carmenère-Rebe eine ungemein interessante Alternative zu den weit verbreiteten Kosmopoliten wie Cabernet oder Merlot. Dabei ist es aber gerade erst gut zwei Jahrzehnte her, dass man in Chile diese Rebe wiederentdeckt hat. Es war im Jahr 1984 und es muss ein ziemlicher Schock für die chilenischen Winzer gewesen sein. Das Land hatte sich damals gerade neben seinen Cabernet-Sauvignon-Weinen auch einen guten Ruf für Merlots aufgebaut. Dann jedoch wurde zu einer Weinbautagung in Santiago de Chile ein Experte für Ampelographie (Rebenkunde) aus Frankreich eingeladen. Dieser tat eine weit reichende Entdeckung kund: Er hatte nämlich festgestellt, dass es sich bei einem großen Teil der angeblichen Merlot-Rebstöcke in Chile gar nicht um diese Sorte handelte, sondern dass diese vielmehr der Carmenère, einer alten Bordelaiser Traube, zuzurechnen sind. Diese Varietät ist höchstwahrscheinlich um 1850 nach Südamerika gebracht worden und hat sich dort, während sie in ihrer angestammten französischen Heimat weitgehend in Vergessenheit geriet, offensichtlich gut gehalten. Nur hatte man irgendwann zu Beginn des 20. Jahrhunderts diese mit dem nicht unähnlichen Merlot wohl verwechselt, und dieser Irrtum blieb jahrzehntelang unentdeckt. Einen probierenswerten, ungemein charaktervollen Wein, der das große Potenzial dieser »vergessenen« Rebsorte andeutet, gibt es nun auch vom Weingut La Fortuna, das als einer der Pioniere des Bioweinbaus in Chile gilt.

WEIN: Ventura Carmenère
WEINART: trockener Rotwein
BIOKONTROLLE: IMO

Verkostung: Würziger Duft nach dunklen Pflaumen, Cassis, Speck, roter Paprika und schwarzem Pfeffer. Schöne Würze auch am Gaumen und durch herbes Himbeer- und Brombeeraroma mit präsenter Frucht. Pfeffriger Nachhall mit etwas trockenem Tannin.

Urteil: Ausdrucksvoll, ohne überladen zu sein, gut eingebundener Alkohol, durchaus mit Persönlichkeit: ein hübscher »Neue-Welt-Wein« ohne »Neue-Welt-Allüren«.

Preisregion: 6 bis 7 Euro
Rebsorten: Carmenère
Trinktemperatur: 17°
Schmeckt …: zu allem, was vom Grill kommt und kräftig gepfeffert wurde
Gesehen bei: Alnatura, Basic

CONO SUR, CHILE

WEIN: Chardonnay Organic
WEINART: trockener Weißwein
BIOKONTROLLE: BCS (in Umstellung)

Cono Sur wurde 1993 als Tochterunternehmen des chilenischen Weingiganten Concha y Toro gegründet und hat sich selbst ein ehrgeiziges Leitbild gegeben. Nicht allein die bloße Qualitätserzeugung soll hier im Mittelpunkt stehen, sondern auch eine nachhaltige Nutzung der natürlichen Ressourcen sowie respektvolle, verantwortungsbewusste Arbeitsbedingungen für die Mitarbeiter sind darin festgeschrieben. Dass dies keine bloßen Lippenbekenntnisse sind, hat Cono Sur in den vergangenen Jahren immer wieder bewiesen. So begann man ab 1998 damit, einen Unternehmensplan zur natürlichen und integrierten Bewirtschaftung der Weinberge aufzustellen, und ließ sich als erstes Weingut Chiles für dieses Qualitätsmanagement-System nach den ISO-Normen 9000 und 9001 zertifizieren. Als nächster, sehr ehrgeiziger Schritt wurde Cono Sur als erstem Weingut weltweit der Status eines CO_2-neutralen Unternehmens bestätigt, was vor allem auch Ausgleichsmaßnahmen für die beim internationalen Transport der Weine entstehenden Treibhausgase beinhaltet. Als jüngster Schritt in dieser Entwicklung wurde nun ein mit Cabernet Sauvignon und Carmenère bestockter Weinberg im Colchagua-Tal für die Bioweinproduktion zertifiziert, und eine weitere Parzelle mit Chardonnay-Reben befindet sich zurzeit in der Umstellungsphase. Die Gewächse beider Weingärten sind nun bei Kaufhof erhältlich und runden dort das in jeder Hinsicht empfehlenswerte Sortiment des chilenischen Entrepreneurs ab.

Verkostung: Angenehm frischer Duft nach gelben Melonen, Zitrusfrüchten, grünen Birnen und einer feinen Vanillenote. Ebenso frische Ansprache, dann aber mit milder, gepufferter Säure auf der Zunge. Harmonisch dosiertes Gewicht und angenehmer Fruchtkörper. Im Nachhall mit dezenter Grapefruitprägung.

Urteil: Ein modern gemachter, keinesfalls überladener Chardonnay. Sehr zugänglich und vielseitig einsetzbar.

Preisregion: 8 bis 10 Euro

Rebsorten: Chardonnay

Trinktemperatur: 8 – 9°

Schmeckt …: zu leichteren, mit Zitrusnoten verfeinerten Fisch- oder Geflügelgerichten. In Chile würde man ihn beispielsweise zum Ceviche, also roh mariniertem Fisch mit Zitronensaft und Koriander, trinken.

Gesehen bei: Kaufhof

Weitere Weine auch bei: Karstadt

Zuccardi, Argentinien

Nachdem chilenische Weine schon fast eine Selbstverständlichkeit in unseren Weinregalen sind, drängt nun auch der Nachbar Argentinien immer stärker mit teilweise hochinteressanten Tropfen auf den deutschen Markt. Anders als viele Weine von jenseits der Anden entsprechen aber die argentinischen Gewächse oft eher einem europäischen Weinstil: Nicht nur Frucht und Saftigkeit, sondern vor allem auch eine in der »Neuen Welt« nicht allzu häufig anzutreffende Struktur und Rasse kann man hier oft finden. Im Mendoza, dem Hauptanbaugebiet des Landes, betreibt die Ende des 19. Jahrhunderts aus Italien eingewanderte Familie Zuccardi auf rund 300 Hektar ökologischen Weinbau. Eigentlich war das Unternehmen zunächst auf Bewässerungssysteme spezialisiert. Um die Effizienz dieser Anlagen zu demonstrieren, wurde dann aber 1963 auch ein eigener Weinberg angelegt, der mittlerweile auf ein riesiges Areal von fast 600 Hektar angewachsen ist. Der ökologisch bewirtschaftete Teil dieser Fläche erbringt nicht nur überaus interessante Weine, sondern hat sich auch als Öko-Nische und Lebensraum für zahlreiche Tiere und Pflanzen in der ansonsten eher wüstenähnlichen Umgebung entwickelt. Aber auch in sozialen Belangen gilt der Betrieb als vorbildlich. Anders als sonst in Argentinien weithin üblich, werden die Weinbergsarbeiter hier nicht als Tagelöhner bezahlt, sondern erhalten ganzjährige Anstellungen zu fairen Konditionen. Neben dem Malbec, der wohl besten Rotweintraube Argentiniens, bin ich ein großer Fan des weißen *Torrontés,* der ebenfalls als typische Spezialität des Landes gilt.

Wein: Vida Orgánica Torrontés
Weinart: trockener Weißwein
Biokontrolle: LETIS

Verkostung: Floral-pflanzliches Bukett nach frisch geschnittenem Gras, grüner Mango, Schilf und einer feinen Note nach Muskattrauben. Aromatische Ansprache nach reifen Südfrüchten, dann jedoch mit rassig-frischem Körper, fein ziselierter Säure und trockenem Nachhall.

Urteil: Aromatisch, aber keinesfalls überladen. Verführerisch, aber durchaus anspruchsvoll. Ein bemerkenswerter, origineller Weincharakter zu tollem Preis!

Preisregion: 6 bis 7 Euro

Rebsorten: Torrontés Riojano

Trinktemperatur: 8°

Schmeckt …: perfekt zu Sushi!

Gesehen bei: Basic

Weitere Weine auch bei: Alnatura

Liste der im Buch genannten Kontrollstellen

ABCERT
Kontrollstelle für ökologisch erzeugte Lebensmittel GmbH
D-73728 Esslingen

ABG
Austria Bio Garantie
A-2202 Enzersfeld

AGROCERT
F-47200 Marmande

AIAB
Associazione Italiana per l'Agricoltura Biologica
I-00187 Roma

bio.inspecta AG
CH-5070 Frick

BCS Öko-Garantie GmbH
Control Systeme Peter Grosch
D-90402 Nürnberg

CAECV
Comité de Agricultura Ecológica de la Comunidad Valenciana
E-46470 Albal (Valencia)

CAERM
Consejo de Agricultura Ecológica de la Región de Murcia
E-30002 Murcia

CBPAE
Consejo Balear de la Producción Agraria Ecológica
E-07300 Inca (Mallorca)

CCOF
California Certified Organic Farmers
USA – Santa Cruz, CA 95060

CCPAE
Consejo Catalán de la Producción Agraria Ecológica
E-08028 Barcelona

CCPB
Consorzio Controllo Prodotti Biologici
I-40126 Bologna

CODEX srl
I-95048 Scordia (CT)

Control Union Certifications (ehem. Skal International)
NL-8000 Ad Zwolle

CPAEN
Consejo de la Producción Agraria Ecológica de Navarra
E-31012 Pamplona-Iruña

DIO
Certification and Inspection Organization for Biological production methods
GR-104 33 Athens

ECOCERT / CONCERT France
F-32600 L'Isle Jourdain

GfRS
Gesellschaft für Ressourcenschutz mbH
D-37073 Göttingen

ICEA
Istituto per la Certificazione Etica e Ambientale
I-40125 Bologna

IMO
Institut für Marktökologie GmbH
D-78462 Konstanz

Kontrollverein ökologischer Landbau e. V.
D-76137 Karlsruhe

LACON
Privatinstitut für Qualitätssicherung und Zertifizierung ökologisch erzeugter Lebensmittel GmbH
D-77654 Offenburg

LACON Österreich
Privatinstitut für Qualitätssicherung und Zertifizierung ökologisch erzeugter Lebensmittel GmbH
A-4150 Rohrbach

LETIS S.A.
Argentina – S2000ANR Rosario

Qualité-France SAS
F-35150 Brie

SGS United Kingdom Ltd
UK- HA0 1WU Wembley

SOCERT / ECOCERT Portugal
P-2520 Peniche

SOHISCERT SA
E-41710 Utrera (Sevilla)

Suolo e Salute SRL
I-61032 Fano (PU)

ULASE
F-26270 Loriol sur Drome